हिन्दी विलोमार्थी कोश

प्रो. प्रेम सुमन शर्मा

पीएच.डी., डी.लिट्.
आचार्य एवं अध्यक्ष
हिन्दी तथा आधुनिक भारतीय भाषा विभाग,
लखनऊ विश्वविद्यालय, लखनऊ

वाणी प्रकाशन

वाणी प्रकाशन
4695, 21-ए, दरियागंज, नयी दिल्ली 110 002
शाखा
अशोक राजपथ, पटना 800 004
फ़ोन : +91 11 23273167 फ़ैक्स : +91 11 23275710
www.vaniprakashan.in
vaniprakashan@gmail.com
sales@vaniprakashan.in

HINDI VILOMARTHI KOSH
by Prof. Prem Suman Sharma

ISBN : 978-93-87409-91-0
Dictionary

प्रथम संस्करण

मूल्य : ₹ 195

सिटी प्रेस, दिल्ली-110 095 में मुद्रित

वाणी प्रकाशन का लोगो मक़बूल फ़िदा हुसेन की कूची से

आदरणीया श्रीमती प्रेम पुष्पा शर्मा (मम्मी)
तथा
आदरणीय श्री शिवरत्न शर्मा (पापाजी)
को सादर समर्पित

ईश–कृपा से जिनके संस्कार, मार्गदर्शन और शुभाशीष का ही परिणाम है वह सबकुछ जिससे मेरी पहचान है।

–प्रो. प्रेम सुमन शर्मा

प्राक्कथन

'शब्द' का महत्त्व इस तथ्य में निहित है कि वह किसी न किसी अर्थ से संपृक्त होता है। शब्द मात्र ध्वनि नहीं है, जिसका हम केवल श्रवण करते हैं बल्कि उसका उच्चरित एवं संप्रेषित स्वरूप उसे एक विशिष्ट प्रकार का अर्थगौरव प्रदान करते हुए उसकी सार्थकता को सिद्ध करता है। शब्द और अर्थ का अपना एक इतिहास होता है तथा युग और परिस्थिति के अनुसार उसकी परम्परा निरन्तर विकासोन्मुख बनी रहती है; कभी एक ही शब्द के लिए अनेक शब्द प्रयोग हेतु उपलब्ध हो जाते हैं और कभी कोई शब्द प्रसंगानुसार किसी नवीन अर्थ का वाचक बन जाता है। इस प्रक्रिया के फलस्वरूप भाषा सम्बन्धी शब्दभण्डार विस्तृत होता चला जाता है।

हिन्दी भाषा एवं साहित्य के क्षेत्र में विलोम शब्द कई प्रकार से महत्त्वपूर्ण कहे जा सकते हैं। 'विलोम' का अर्थ है विपरीत या उल्टा, अतः जिन शब्दों के द्वारा परस्पर विपरीत अर्थ की व्यंजना होती है उन्हें विलोमार्थी अथवा विपरीतार्थक शब्द के रूप में स्वीकार किया जाता है। विलोम शब्द सदैव सजातीय ही होते हैं अर्थात् संज्ञा का विलोम संज्ञा शब्द, सर्वनाम का विलोम सर्वनाम शब्द, विशेषण का विलोम विशेषण शब्द, क्रिया का विलोम क्रियापद तथा क्रियाविशेषण का विलोम क्रियाविशेषण होता है। उदाहरणार्थ, अनुज–अग्रज (संज्ञा), यह–वह (सर्वनाम), आर्द्र–शुष्क (विशेषण), आना–जाना (क्रिया) तथा धीरे–धीरे–जल्दी–जल्दी (क्रियाविशेषण) उपयुक्त विलोमार्थक शब्द–युग्म हैं।

विलोम शब्दों का निर्माण अनेक प्रकार से होता है, यथा–अ, अप, अन्, अन, निस, निर्, वि, प्रति, दुर, दुस्, कु आदि उपसर्ग

जोड़कर, उपसर्ग में परिवर्तन करते हुए, लिंग परिवर्तन के माध्यम से, प्रत्ययवत् प्रयुक्त शब्द परिवर्तन द्वारा (गतिमान–गतिहीन) तथा भिन्न शब्द के प्रयोग द्वारा (लाभ–हानि)।

व्यावहारिक दृष्टि से शब्दों की उपयोगिता पर विचार करते हुए इस विलोमार्थक शब्दकोश में अधिकाधिक शब्दों का संकलन करते हुए उनके विलोमार्थी शब्द देने का प्रयास किया गया है। अनुलोमरूप में शब्दों का चयन करते समय उन्हें अकारादि क्रम में व्यवस्थित किया गया है किन्तु संयुक्त व्यंजनों (क्ष,त्र,ज्ञ) से प्रारंभ होने वाले शब्दों को हिन्दी वर्णमाला के आधार पर, कोश के अंतर्गत, सबसे अंत में ही स्थान दिया गया है।

शब्दों के विलोमार्थक लिखते समय कतिपय शब्दों के एकाधिक विलोमार्थी शब्दों को सम्मिलित किया गया है क्योंकि विशेषतः हिन्दी साहित्य के क्षेत्र में प्रतिपाद्य विषय के प्रसंगानुसार अर्थ परिवर्तन को स्वीकार करने पर ही अपेक्षित भाव स्पष्ट हो पाता है। इसके अतिरिक्त शिल्पगत सौन्दर्य की दृष्टि से भी सटीक शब्द–चयन आलोच्य विषय की प्रभावक्षमता को संवर्द्धित करने में सहायक होता है। उदाहरणार्थ, 'सरल' के लिए विलोमार्थक शब्द 'कठिन', 'कुटिल' और 'पेचीदा', इन तीनों का प्रयोग किया जाता है, किन्तु प्रसंग के अनुसार जब 'प्रश्न' के साथ 'सरल' का प्रयोग किया जाएगा तो विपरीत स्थिति में 'प्रश्न' के साथ 'कठिन' का प्रयोग विलोमार्थी रूप में अधिक सार्थक होगा न कि 'कुटिल' का। इसी क्रम में 'स्वभाव' के साथ क्रमशः 'सरल' और 'कुटिल' शब्दों का संयोग अधिक युक्तिसंगत होगा न कि 'सरल' और 'कठिन' का। इसी प्रकार 'मीठा' के विपरीतार्थक शब्दों के रूप में 'कड़वा', 'खट्टा', 'फीका' तथा 'नमकीन' शब्दों को रखा गया है। सामान्यतः यह स्पष्ट है कि उपर्युक्त चारों ही शब्दों का व्यवहार 'मीठा' के विलोमार्थक रूप में किया जाता है। इस कोश में अनेक ऐसे शब्दों को सम्मिलित किया गया है जो एक ही अनुलोम शब्द के विलोमार्थी रूप में प्रयोग में लाए जाते हैं। कोश को सर्वोपयोगी बनाने के उद्देश्य से दिए गए एकाधिक विलोमार्थक शब्दों के चयन का अधिकार पाठकों तथा प्रयोगकर्ताओं को सौंप दिया गया है।

इस कोश में संकलित अधिकांश शब्द हिन्दी भाषा के हैं किन्तु इसके साथ ही अरबी–फ़ारसी के अनेक ऐसे शब्द अनायास ही इस कोश के कलेवर में समाहित हो गए हैं जिनका व्यवहार सामान्य बोलचाल तथा लेखन के स्तर पर अत्यंत सहज रूप से किया जाता है। शब्दों को अकारादि क्रम में व्यवस्थित करते हुए इस तथ्य को भी दृष्टिपथ में रखा गया है कि जिन शब्दों का निर्माण उपसर्गों के संयोग से हुआ है, वे भी अपने नियत स्थान पर अध्येता–वर्ग के लिए सुलभ हो सकें। इस प्रक्रिया के परिणामस्वरूप कोश में संकलित किए गए अधिकांश शब्द प्रथमतः आधारभूत शब्द (अनुलोम) के रूप में पृष्ठ पर बाँयी ओर अंकित किए गए हैं और तत्पश्चात् वे ही शब्द क्रमानुसार पृष्ठ पर दायीं ओर स्थान ग्रहण करते हुए विलोमार्थक शब्दों की श्रेणी में आ गए हैं। इस प्रकार की व्यवस्था को कोश में स्थापित करने के मूल में मुख्य लक्ष्य यह रहा है कि पाठक को वर्ण–क्रमानुसार किसी भी शब्द का विपरीतार्थक शब्द उसकी आवश्यकतानुसार तत्काल ही उपलब्ध हो जाए। यथा, यदि 'अनादृत' का विलोमार्थक शब्द जानना होगा तो 'आदृत' के सहारे 'अनादृत' खोजना उतना सहज न होगा जितना कि सीधे अकारादि क्रम के आधार पर अपेक्षित शब्द को प्राप्त किया जा सकेगा।

शब्द–प्रयोग के स्तर पर संज्ञा, विशेषण, क्रिया, लिंग आदि के प्रभाव से मौलिक शब्द के स्वरूप में होने वाले परिवर्तन को सहज ही लक्षित किया जाता है। इस कोश में पाठकों की सुविधा को दृष्टि में रखते हुए उक्त प्रकार के शब्दों को भी क्रमानुसार व्यवस्था प्रदान की गई है, ताकि वर्तनी तथा व्याकरण सम्बन्धी त्रुटि की संभावना न रह जाए; उदाहरणार्थ, समर्थ–असमर्थ, समर्थता–असमर्थता; समर्थन–विरोध, प्रतिवाद; समर्थक–विरोधी; समर्थित–असमर्थित। यहाँ एक ही मूल शब्द 'समर्थ' से भिन्न–भिन्न अर्थ के वाचक अनेक शब्दों की संरचना हुई है और तदनुसार उनके विलोमार्थक भी स्पष्ट हैं।

प्रस्तुत कोश को अधिक रुचिकर, छात्रोपयोगी एवं सुबोध बनाने के उद्देश्य से कतिपय क्लिष्ट शब्दों के अर्थ को सम्बन्धित पृष्ठ पर

ही पाद–टिप्पणी के रूप में अंकित किया गया है, जिससे कि मूलशब्द के विलोमार्थ तथा तत्सम्बन्धी प्रयोग को सामान्य पाठक–वर्ग द्वारा सुविधापूर्वक ग्रहण किया जा सकता है। यह कोश अध्येताओं के भाषा–बोध में वृद्धि कर सकेगा, ऐसा मेरा विश्वास है। अपने स्तर पर इस विलोमार्थक शब्दकोश को यथासम्भव समृद्ध और उपयोगी बनाने का प्रयत्न किया गया है; फिर भी जाने–अनजाने जो अनुलोम और उनके विलोमार्थक शब्द इस विलोमार्थी कोश में सम्मिलित नहीं किए जा सके हैं, उन्हें आगामी संस्करण में समाविष्ट किया जा सकेगा।

वर्तमान युग में येन केन प्रकारेण नवीन शब्दों का निर्माण करना एक प्रकार का शौक़–सा बन गया है। इस नवीनता के मोह में कभी–कभी कुछ अर्थहीन शब्द भी प्रचलन में आ जाते हैं। नवीन सार्थक शब्दों को प्रयोगार्थ स्वीकार करना और उन्हें किसी भी शब्दकोश में स्थान देना संबंधित कोश की उपादेयता को निश्चय ही संवर्द्धित करता है। शब्दों के सार्थक और उपयुक्त प्रयोग हेतु शब्दकोश के अध्ययन की अनिवार्यता स्वतः सिद्ध है। इस दृष्टि से मेरा यह लघु प्रयास यदि हिन्दी प्रेमियों को लेशमात्र की परितोष दे सका तो मैं अपना यह श्रम सार्थक समझूँगी।

गुरु पूर्णिमा,
रविवार,
दिनांक 09 जुलाई, 2017

–प्रो. प्रेम सुमन शर्मा
आचार्य एवं अध्यक्ष
हिन्दी तथा आधुनिक भारतीय भाषा विभाग,
लखनऊ विश्वविद्यालय, लखनऊ

'सुमनांजलि', 474-A/229,
ब्रह्मनगर, सीतापुर रोड,
निकट–डालीगंज रेलवे क्रॉसिंग,
लखनऊ–226020 (उ.प्र.)
दूरभाष : 0522–2743933
मोबाइल : 9415001784, 8756000262 (वॉट्सएप)
ई–मेल : premsumansharma@yahoo.in

(अ)

अँधियारा – उजियारा
अँधेरा – उजाला
अंकुश – निरंकुश
अंगी – अनंगी
अंगीकरण – अनंगीकरण
अंगीकृत – बहिष्कृत
अंत – आदि, आरंभ, अनंत, प्रारंभ
अंतर – बाह्य, साम्य, सादृश्य
अंतरंग – बहिरंग
अंतर्जगत – बहिर्जगत
अंतर्द्वंद्व – बहिर्द्वंद्व
अंतर्भूत – बहिर्भूत
अंतर्मुख – बहिर्मुख
अंतर्मुखी – बहिर्मुखी
अंतिम – प्रथम, आरंभिक
अंत्य – आद्य
अंदर – बाहर
अंदरूनी – बाहरी
अंदाज़ – बेअंदाज़
अंधकार – प्रकाश
अंबर – अवनि
अंशकालिक – पूर्णकालिक
अंशतः – पूर्णतः
अंशावतार – पूर्णावतार
अकंटकाकीर्ण – कंटकाकीर्ण
अकंटकित – कंटकित
अकंपित – कंपित
अकथनीय – कथनीय
अकथित – कथित
अकथ्य – कथ्य
अकरणीय – करणीय
अकराल – कराल
अकर्तव्य – कर्तव्य
अकर्ता – कर्ता
अकर्म – कर्म
अकर्मक – सकर्मक
अकर्मण्य – कर्मण्य
अकर्मण्यता – कर्मण्यता
अकलुष – कलुष
अकल्पनीय – कल्पनीय
अकल्पित – कल्पित
अकाट्य – काट्य
अकाम – सकाम
अकाम्य – काम्य
अकारण – सकारण
अकार्पण्य[1] – कार्पण्य
अकाल – सुकाल
अकुंठित – कुंठित
अकुटिल – कुटिल
अकुलीन – कुलीन
अकुशल – कुशल, सकुशल
अकृत – कृत

1. दीनता का अभाव

अकृतकार्य – कृतकार्य
अकृतज्ञ – कृतज्ञ
अकृतज्ञता – कृतज्ञता
अकृतार्थ – कृतार्थ
अकृत्रिम – कृत्रिम
अकृत्रिमता – कृत्रिमता
अकृपा – कृपा
अकृश[1] – कृश
अकृषिक[2] – कृषिक
अकृष्ट[3] – कृष्ट
अकेला – दुकेला
अकौशल – कौशल
अकौटिल्य[4] – कौटिल्य
अक्रम – क्रम
अक्रमिक – क्रमिक
अक्रूर – क्रूर
अक्रोध – क्रोध
अक्खड़ – भद्र
अक़्ल – बेअक़्ल
अक़्लमंद – बेवकूफ़
अक्सर – कभी–कभी
अक्षत[5] – क्षत,विक्षत
अक्षम – सक्षम
अक्षमता – सक्षमता
अक्षम्य – क्षम्य
अक्षय – क्षय

अक्षर[6] – क्षर
अक्षुण्ण – क्षुण्ण
अक्षुब्ध – क्षुब्ध
अक्षेम[7] – क्षेम
अखंड – खंडित
अखंडनीय – खंडनीय
अखंडित – खंडित
अखाद्य – खाद्य
अगड़ा – पिछड़ा
अगणनीय – गणनीय
अगण्य – गण्य
अगति – गति
अगम – सुगम
अगम्य – गम्य
अगर्हित[8] – गर्हित
अगला – पिछला
अगवाड़ा – पिछवाड़ा
अगवानी – विदाई
अगाड़ी – पिछाड़ी
अगीत – गीत
अगुण – सगुण
अगूढ़ – गूढ़
अगेय – गेय
अगोचर – गोचर
अगोपनीय – गोपनीय
अग्नि – जल

---

1. जो दुर्बल न हो
2. जिसका सम्बन्ध खेती से न हो
3. जिसे जोता न गया हो
4. सरलता, कुटिलता का अभाव
5. जो घायल न हो
6. जिसका कभी नाश न हो
7. कुशल का अभाव
8. जो घृणित न हो

अग्र – पश्च, पृष्ठ
अग्रज – अनुज
अग्रगामी – पश्चगामी
अग्रलिखित – पश्चलिखित
अग्राम्य – ग्राम्य
अग्रालोकन[1] – पूर्वालोकन
अग्राह्य – ग्राह्य
अघट – घट
अघटित – घटित
अघोष – घोष
अघोषित – घोषित
अचंचल – चंचल
अचकित – चकित
अचक्रीय – चक्रीय
अचपल – चपल
अचर – चर
अचल – चल
अचारु[2] – चारु
अचिंतनीय – चिंतनीय
अचिंतित – चिंतित
अचिंत्य – चिंत्य
अचिकित्स्य – चिकित्स्य
अचिर – चिर
अचिरजीवी – चिरजीवी
अचिरस्थायी – चिरस्थायी
अचेत – सचेत
अचेतन – चेतन
अचेष्ट – सचेष्ट

अच्छा – बुरा, खराब, भद्दा
अच्छाई – बुराई
अच्छी – बुरी
अच्युत – च्युत
अछूत – छूत
अछेद्य – छेद्य
अजड़[3] – जड़
अजनबी – परिचित
अजय – जय
अजर – जर
अजान – सुजान
अजितेन्द्रिय – जितेन्द्रिय
अजीर्ण – जीर्ण
अज्ञ – प्रज्ञ, विज्ञ
अज्ञात – ज्ञात
अज्ञान – ज्ञान
अज्ञानी – ज्ञानी
अज्ञेय – ज्ञेय
अटल – ढुलमल, डाँवाडोल
अडंगा – अनवरोध
अतर्क – तर्क
अतर्क्य – तर्क्य
अतथ्य – तथ्य
अतद्वत[4] – तद्वत
अतर्कसंगत – तर्कसंगत
अतल – वितल

---

1. भावी घटना की झलक
2. कुरूप
3. जो जड़ न हो, बुद्धिमान
4. जो उसके समान न हो

अतर्कित – तर्कित
अतादात्म्य – तादात्म्य
अति – अल्प, न्यून
अतिक्रमण – अनतिक्रमण
अतिवृष्टि – अनावृष्टि
अतीत – वर्तमान
अतुकांत – तुकांत
अतुलनीय – तुलनीय
अतुल्य – तुल्य
अतृप्त – तृप्त
अतृप्ति – तृप्ति
अतैथिक[1] – तैथिक
अत्यधिक – अत्यल्प, स्वल्प
अत्यल्प – अत्यधिक
अत्याज्य – त्याज्य
अथ – इति
अथाह – छिछला, उथला
अदंडनीय – दंडनीय
अदक्ष – दक्ष
अदक्षता – दक्षता
अदब – बेअदब
अदर्शनीय – दर्शनीय
अदलित – दलित
अदांत[2] – दांत
अदाता – दाता
अदाह्य – दाह्य
अदिनांकित – दिनांकित

अदिव्य – दिव्य
अदीक्षित – दीक्षित
अदीप्त[3] – दीप्त
अदुरित[4] – दुरित
अदीयमान – दीयमान
अदूरदर्शिता – दूरदर्शिता
अदूरदर्शी – दूरदर्शी
अदूषित – दूषित
अदोष – सदोष
अदृश्य – दृश्य
अदृष्ट – दृष्ट
अदृढ़ – दृढ़
अदेय – देय
अदेह[5] – देही
अद्यतन – पुरातन, अनद्यतन
अद्वेषी – द्वेषी
अद्वैत – द्वैत
अद्वैतवादी – द्वैतवादी
अधनाढ्य – धनाढ्य
अधन्य – धन्य
अधम – उत्तम, श्रेष्ठ
अधमता – श्रेष्ठता
अधर्म – सधर्म
अधर्मी – सधर्मी
अधर्म्य – धर्म्य
अधार्मिक – धार्मिक
अदग्ध – दग्ध

---

1. बिना तिथि का
2. जो जितेन्द्रिय न हो
3. अंधकारमय
4. जो छिपा न हो
5. बिना शरीर का

अधर्षणीय[1] – धर्षणीय
अधिक – कम, न्यून, अल्प, थोड़ा
अधिकतम – अल्पतम, न्यूनतम
अधिकतर – अल्पतर
अधिकता – न्यूनता, अल्पता
अधिकार – अनधिकार
अधिकारी – अनधिकारी
अधिकृत – अनधिकृत
अधिगत – अनधिगत
अधिगम्य – अनधिगम्य
अधित्यका[2] – उपत्यका
अधिमूल्यन – अवमूल्यन
अधिष्ठित – अनधिष्ठित
अधीन – स्वतंत्र, मुक्त
अधीनता – स्वतंत्रता
अधीर – धीर
अधीरता – धीरता, धैर्य
अधुनातन – पुरातन, प्राचीनतम
अधूरा – पूरा
अधोमुखी – ऊर्ध्वमुखी
अधोगति – ऊर्ध्वगति
अधोगामी – ऊर्ध्वगामी
अधोचरण – ऊर्ध्वचरण
अधोलिखित – उपरिलिखित
अधोदृष्टि – ऊर्ध्वदृष्टि
अधोबाहु – ऊर्ध्वबाहु
अधोमुख – ऊर्ध्वमुख
अधोमूल – ऊर्ध्वमूल
अध्यवसाय – अनध्यवसाय
अध्यात्मवादी – जड़तावादी
अध्रुव[3] – ध्रुव
अनंत – सीमित
अनंगी – अंगी
अनंगीकरण – अंगीकरण
अनंतरणीय – अंतरणीय
अनकहा – कहा
अनकही – कही
अनगढ़ – सुघड़
अनगिना – गिना
अनचखा – चखा
अनचाहा – चाहा
अनजान – परिचित, जानकार
अनजाना – जाना–पहचाना
अनत[4] – नत
अनतिक्रमणीय – अतिक्रमणीय
अनदेखा – देखा
अनद्यतन – अद्यतन
अनधिक – अधिक
अनधिकार – अधिकार
अनधिकारिक – अधिकारिक
अनधिकारिता – अधिकारिता
अनधिकारी[5] – अधिकारी

1. जिसे धमकाया न जा सके
2. पर्वत के ऊपर की समतल भूमि
3. जो स्थिर न हो
4. जो झुका हुआ न हो
5. जो अधिकारी न हो

अनधिकृत – अधिकृत
अनधिगत – अधिगत
अनधिगम्य – अधिगम्य
अनधिवासित[1] – अधिवासित
अनधिष्ठित[2] – अधिष्ठित
अनधिहरण[3] – अधिहरण
अनधीन – अधीन
अनधीर – अधीर
अननुदिष्ट – अनुदिष्ट
अननुनासिक – अनुनासिक
अननुभूत – अनुभूत
अननुमत – अनुमत
अननुमोदन – अनुमोदन
अननुमोदित – अनुमोदित
अननुरूप – अनुरूप
अननुसूचित – अनुसूचित
अनन्य – अन्य
अनन्यसंक्राम्य[4] – अन्यसंक्राम्य
अनन्यमनस्क[5] – अन्यमनस्क
अनन्याश्रित – अन्याश्रित
अनन्वय – अन्वय
अनन्वित – अन्वित
अनन्विति – अन्विति
अनपकृत – अपकृत
अनपक्रम – अपक्रम
अनपघात – अपघात

अनपढ़ – पढ़ा–लिखा
अनपहार्य[6] – अपहार्य
अनपेक्षित – अपेक्षित
अनब्याहा – ब्याहा
अनभला – भला
अनभिज्ञ – अभिज्ञ
अनभिज्ञता – अभिज्ञता
अनभिज्ञेय – अभिज्ञेय
अनभेदी – भेदी
अनभ्यस्त – अभ्यस्त
अनभ्यासी – अभ्यासी
अनमेल – मेल
अनम्य[7] – नम्य
अनरीता – रीता
अनर्जक[8] – अर्जक
अनर्जन – अर्जन
अनर्जित – अर्जित
अनर्थ – अर्थ
अनर्थक[9] – अर्थक
अनर्हता – अर्हता
अनलंकृत – अलंकृत
अनल्प – अल्प
अनवकाश – अवकाश
अनवगत – अवगत
अनवगम्य – अवगम्य
अनवग्रह[10] – अवग्रह

---

1. जिस पर किसी का निवास न हो
2. जो किसी पद पर नियुक्त न हो
3. जिसे ज़ब्त न किया गया हो
4. जिसका हस्तांतरण न हो सके
5. एकाग्रचित्त
6. जो छीना न जा सके
7. जिसे मोड़ा या झुकाया न जा सके
8. जो कमाता न हो
9. जिसका अर्थ न हो
10. जिसके लिए कोई बाधा न हो

अनवलंबित – अवलंबित	अनाज्ञाकारी – आज्ञाकारी
अनवरुद्ध – अवरुद्ध	अनाड़ी – समझदार
अनवस्थिति – अवस्थिति	अनातुर – आतुर
अनवसर – अवसर	अनाथ – सनाथ
अनविच्छिन्न – विच्छिन्न	अनादर – आदर
अनवेक्षित[1] – अवेक्षित	अनादि – आदि
अनश्वर – नश्वर	अनादिष्ट – आदिष्ट
अनसुनी – सुनी	अनादृत – आदृत
अनसुलझा – सुलझा	अनादेय[3] – आदेय
अनसूया – असूया	अनाधार – आधार
अनसोची – सोची	अनाधिक्य – आधिक्य
अनस्तित्व – अस्तित्व	अनापत्ति – आपत्ति
अनहंकार – अहंकार	अनामंत्रित – आमंत्रित
अनहित – हित	अनाम – सनाम
अनहोनी – होनी	अनायत[4] – विच्छिन्न
अनाकर्षक – आकर्षक	अनायत्त[5] – आयत्त
अनाकृष्ट – आकृष्ट	अनायास – सायास
अनागत – आगत	अनारक्षित – आरक्षित
अनागर[2] – नागर	अनाराध्य – आराध्य
अनाघात – आघात	अनारूढ़ – आरूढ़
अनाघ्रात – आघ्रात	अनारोग्य – आरोग्य
अनाचरण – आचरण	अनार्जव[6] – आर्जव
अनाचार – आचार	अनार्द्र – आर्द्र
अनाचारी – सदाचारी	अनार्य[7] – आर्य
अनाच्छादित – आच्छादित	अनार्ष[8] – आर्ष
अनाजी – फलाहारी	अनालोकित – आलोकित

---

1. जिसे पहले से न जाना गया हो
2. जो व्यक्ति नगर का न हो
3. जो ग्रहण करने योग्य न हो
4. अविच्छिन्न, अनियंत्रित
5. जो किसी के अधीन न हो
6. कुटिलता
7. नीच
8. जो ऋषियों से संबंधित न हो

अनालोचित – आलोचित
अनावरण – आवरण
अनावर्तक – आवर्तक
अनावर्षण – आवर्षण
अनावश्यक – आवश्यक
अनावासिक – आवासिक
अनावृत – आवृत
अनावृत्त – आवृत्त
अनावृत्ति – आवृत्ति
अनावृष्टि – वृष्टि
अनावेदित – आवेदित
अनावेशित – आवेशित
अनाशक – नाशक
अनाशु[1] – आशु
अनाश्य – नाश्य
अनाश्रमी[2] – आश्रमी
अनाश्रय – साश्रय
अनाश्रित – आश्रित
अनासक्त – आसक्त
अनासक्ति – आसक्ति
अनासीन – आसीन
अनास्था – आस्था
अनास्वादित – आस्वादित
अनाहत[3] – आहत
अनाहार्य[4] – आहार्य
अनाहूत – आहूत

अनिंदनीय – निंदनीय
अनिंद्य – निंद्य
अनिगमित[5] – निगमित
अनिगीर्ण[6] – निगीर्ण
अनिच्छा – इच्छा
अनिच्छित – इच्छित
अनिच्छुक – इच्छुक
अनित्य – नित्य
अनित्यता[7] – नित्यता
अनिदेशात्मक – निदेशात्मक
अनिद्रित – निद्रित
अनिपुण – निपुण
अनिमंत्रित – निमंत्रित
अनिमित्तिक – निमित्तक
अनियंत्रित – नियंत्रित
अनियत[8] – नियत
अनियमित – नियमित
अनिरुद्ध – निरुद्ध
अनिर्णीत – निर्णीत
अनिर्दिष्ट – निर्दिष्ट
अनिर्भर – निर्भर
अनिवार्य – ऐच्छिक, निवार्य
अनिश्चय – निश्चय
अनिश्चित – निश्चित
अनिषिद्ध – निषिद्ध

1. मंद
2. जिसका कोई आश्रम न हो
3. जो आहत न हुआ हो
4. न खाने योग्य
5. जो निगम के रूप में स्थापित न हो
6. जो निगला हुआ न हो
7. नश्वरता
8. अनिश्चित

अनिष्ट[1] – इष्ट
अनिस्तीर्ण[2] – निस्तीर्ण
अनीतिमान् – नीतिमान्
अनीप्सित[3] – ईप्सित
अनीश्वरवादी – ईश्वरवादी
अनुकूल – प्रतिकूल
अनुकूलता – प्रतिकूलता
अनुक्त – उक्त
अनुग्रह – कोप
अनुचित – उचित
अनुच्च – उच्च
अनुच्चरित – उच्चरित
अनुच्चारित – उच्चारित
अनुच्छिष्ट[4] – उच्छिष्ट
अनुज – अग्रज
अनुजा – अग्रजा
अनुजीवी[5] – आत्मनिर्भर
अनुज्ज्वल – उज्ज्वल
अनुत्कंठित – उत्कंठित
अनुत्तम – उत्तम
अनुत्तरदायित्व – उत्तरदायित्व
अनुत्तरदायी – उत्तरदायी
अनुत्तरित – उत्तरित
अनुत्तान – उत्तान
अनुत्तीर्ण – उत्तीर्ण
अनुत्तेजक – उत्तेजक
अनुत्तेजित – उत्तेजित
अनुत्पन्न – उत्पन्न
अनुत्पादक – उत्पादक
अनुत्साही – उत्साही
अनुत्सुक – उत्सुक
अनुदात्त[6] – उदात्त
अनुदार – उदार
अनुदारता – उदारता
अनुदित – उदित
अनुद्घाटित – उद्घाटित
अनुद्धत[7] – उद्धत
अनुद्धृत – उद्धृत
अनुद्भूत – उद्भूत
अनुद्विग्न – उद्विग्न
अनुन्नत – उन्नत
अनुन्मत्त – उन्मत्त
अनुन्मील्य – उन्मील्य
अनुन्मुक्त – उन्मुक्त
अनुपकार – उपकार
अनुपकारक – उपकारक
अनुपगत – उपगत
अनुपजाऊ – उपजाऊ
अनुपमित – उपमित
अनुपदिष्ट – उपदिष्ट
अनुपमेय – उपमेय
अनपयुक्त – उपयुक्त
अनुपयोगी – उपयोगी

---

1. जो इष्ट न हो, अवांछित
2. जिसे छुटकारा न मिला हो
3. जिसकी कामना न की गई हो
4. जो झूठा न हो
5. परावलंबी
6. जो श्रेष्ठ या महान न हो
7. शिष्ट, विनीत

अनुपलक्षित[1] – उपलक्षित
अनुपलब्ध – उपलब्ध
अनुपस्थित – उपस्थित
अनुपादेय – उपादेय
अनुपार्जित – उपार्जित
अनुभवहीन – अनुभवी
अनुभूत – अननुभूत
अनुमत[2] – अननुमत
अनुमन्य – प्रतिषिद्ध
अनुमित[3] – निश्चित
अनुयायी – विरोधी
अनुरक्त – विरक्त
अनुरक्ति – विरक्ति
अनुरत – विरत
अनुराग – विराग
अनुरागी – विरागी
अनुरूप – अननुरूप, प्रतिरूप
अनुर्वर[4] – उर्वर
अनुलोम – विलोम, प्रतिलोम
अनुल्लंघन – उल्लंघन
अनुशासनबद्ध – अनुशासनहीन
अनृत[5] – सत्य
अनेक – एक
अनेकता – एकता
अनेकत्व – एकत्व

अनेकरूपता – एकरूपता
अनेकार्थक – एकार्थक
अनेकाश्रय – एकाश्रय
अनेकेश्वरवाद – एकेश्वरवाद
अनेकेश्वरवादी – एकेश्वरवादी
अनैतिक – नैतिक
अनैक्य – ऐक्य
अनैच्छिक – ऐच्छिक
अनैतिकता – नैतिकता
अनैतिहासिक – ऐतिहासिक
अनैश्वर्य – ऐश्वर्य
अनौचित्य – औचित्य
अनौजस्य – औजस्य
अनौद्धत्य – औद्धत्य
अनौदार्य – औदार्य
अनौपचारिक – औपचारिक
अनौपचारिकता – औपचारिकता
अनौपम्य – औपम्य
अधिकतम – न्यूनतम
अन्य – अनन्य
अन्यमनस्क – एकाग्रचित्त
अन्याय – न्याय
अन्यायी – न्यायी, न्यायशील
अन्यून – न्यून
अन्वय[6] – अनन्वय
अन्वित – अनन्वित

---

1. जो जाना न गया हो
2. सहमति
3. जिसका अनुमान किया गया हो
4. अनुपजाऊ, बंजर
5. असत्य, मिथ्या
6. संगति

अन्विति	— अनन्विति	अपरिग्रह	— परिग्रह
अपकर्ष	— उत्कर्ष	अपरिग्रही	— परिग्रही
अपकारक	— उपकारक	अपरिचित	— परिचित
अपकृत	— उपकृत	अपरिच्छिन्न[1]	— परिछिन्न
अपचय	— उपचय	अपरिणत	— परिणत
अपचित	— उपचित	अपरिणीत	— परिणीत
अपकीर्ति	— कीर्ति	अपरिपक्व	— परिपक्व
अकीर्तिकार	— कीर्तिकार	अपरिपुष्ट	— परिपुष्ट
अपक्रम	— क्रम	अपरिमार्जित	— परिमार्जित
अपक्व	— पक्व	अपरिमित	— परिमित
अपचित	— पचित	अपरिवर्तनीय	— परिवर्तनीय
अपटु	— पटु	अपरिवर्तित	— परिवर्तित
अपठित	— पठित	अपरिष्कृत	— परिष्कृत
अपथ्य	— पथ्य	अपरिसीमित	— परिसीमित
अपदस्थ	— पदस्थ	अपरिहार्य	— परिहार्य
अपकीर्ति	— सुकीर्ति	अपरीक्षित	— परीक्षित
अपथ	— सुपथ	अपरुष[2]	— परुष
अपयश	— सुयश	अपरोक्ष	— परोक्ष
अपना	— पराया, बेगाना	अपर्याप्त	— पर्याप्त
अपनाना	— ठुकराना	अपाच्य	— पाच्य
अपनापन	— परायापन	अपाठ्य	— पाठ्य
अपमान	— सम्मान	अपारदर्शक	— पारदर्शक
अपमानित	— सम्मानित	अपारदर्शी	— पारदर्शी
अपमानजनक	— सम्मानजनक	अपार्थिव	— पार्थिव
अपयश	— यश	अपूरित	— पूरित
अपराजित	— पराजित	अपव्यय	— मितव्यय
अपराजेय	— पराजेय	अपशकुन	— शकुन
अपराधी	— निरपराधी	अपूर्ण	— पूर्ण
अपसरण	— अभिसरण	अपूर्णता	— पूर्णता

1. असीम

2. कोमल

अपुष्ट – पुष्ट
अपुष्टि – पुष्टि
अपृथक्करणीय – पृथक्करणीय
अपेक्षा – उपेक्षा
अपेक्षित – अनपेक्षित, उपेक्षित
अपेय – पेय
अपोषित – पोषित
अपौरुषेय – पौरुषेय
अप्रकट – प्रकट
अप्रकाशित – प्रकाशित
अप्रकृत – प्रकृत
अप्रकृतिस्थ – प्रकृतिस्थ
अप्रगतिशील – प्रगतिशील
अप्रगल्भ – प्रगल्भ
अप्रचलित – प्रचलित
अप्रचारित – प्रचारित
अप्रचुर – प्रचुर
अप्रच्छन्न – प्रच्छन्न
अप्रतिपन्न[1] – प्रतिपन्न
अप्रतिबद्ध – प्रतिबद्ध
अप्रतिम – प्रतिम
अप्रतिष्ठा – प्रतिष्ठा
अप्रतिष्ठित – प्रतिष्ठित
अप्रत्यक्ष – प्रत्यक्ष
अप्रत्याशित – प्रत्याशित
अप्रभावित – प्रभावित
अप्रभावी – प्रभावी
अप्रमाणित – प्रमाणित

अप्रयुक्त – प्रयुक्त
अप्रयोग – प्रयोग
अप्रवृत्त – प्रवृत्त
अप्रशंसनीय – प्रशंसनीय
अप्रशस्त – प्रशस्त
अप्रसन्न – प्रसन्न
अप्रसन्नता – प्रसन्नता
अप्रसिद्ध – प्रसिद्ध
अप्राकृत – प्राकृत
अप्राकृतिक – प्राकृतिक
अप्राधिकृत – प्राधिकृत
अप्राप्त – प्राप्त
अप्राप्य – प्राप्य
अप्रामाणिक – प्रामाणिक
अप्रासंगिक – प्रासंगिक
अप्रिय – प्रिय
अप्रेरित – प्रेरित
अप्रौढ़ – प्रौढ़
अप्रौढ़ता – प्रौढ़ता
अफलित – फलित
अब – तब
अबद्ध – बद्ध
अबध्य – बध्य
अबाधक – बाधक
अबाधित – बाधित
अबाध्य – बाध्य
अबोधगम्य – बोधगम्य
अबोध्य – बोध्य
अभंग – भंग

1. अज्ञात, अस्वीकृत

अभंगुर – भंगुर
अभक्त – भक्त
अभक्ष्य – भक्ष्य
अभग्न – भग्न
अभजनीय – भजनीय
अभद्र – भद्र
अभद्रता – भद्रता
अभय – भय
अभागा – भाग्यवान
अभाग्य – सौभाग्य
अभाव – भाव
अभावन – भावन
अभावनीय – भावनीय
अभिज्ञ – अनभिज्ञ
अभिज्ञता – अनभिज्ञता
अभिनंदन – निंदा, भर्त्सना
अभिनंदनीय – निंदनीय
अभिनंदित – निंदित
अभिन्न – भिन्न
अभिन्नता – भिन्नता
अभिप्रेत – अनभिप्रेत
अभिमान – निरभिमान
अभिमानी – निरभिमानी, विनीत
अभिमुख – पराङ्मुख, प्रतिमुख
अभिलषित – अनभिलषित
अभिव्यक्त – अनभिव्यक्त
अभिशाप – वरदान
अभिसरण – अपसरण
अभिहित – अनभिहित
अभूतपूर्व – भूतपूर्व
अभेद – भेद
अभेदनीय – भेदनीय
अभेद्य – भेद्य
अभोग्य – भोग्य
अभोज्य – संभोज्य
अभौतिक – भौतिक
अभ्यस्त – अनभ्यस्त
अभ्यास – अनभ्यास
अमंगल – मंगल
अमंगलकारी – मंगलकारी
अमर – नश्वर
अमर्त्य – मर्त्य
अमर्त्यलोक – मर्त्यलोक
अमर्यादित – मर्यादित
अमांगलिक – मांगलिक
अमादक – मादक
अमान – मान
अमानी – मानी
अमाननीय – माननीय
अमानवीय – मानवीय
अमानुषिक – मानुषिक
अमानुषीय – मानुषीय
अमान्य – मान्य
अमावस्या – पूर्णिमा
अमित – परिमित
अमितव्ययिता – मितव्ययिता
अमिश्रित – मिश्रित
अम्रियमाण – म्रियमाण

अमीर – ग़रीब
अमीरी – ग़रीबी
अमुक्त – मुक्त
अमुख्य – मुख्य
अमुग्ध – मुग्ध
अमूर्त – मूर्त
अमृत – विष, गरल
अमैत्री – मैत्री
अमौलिक – मौलिक
अम्लान – म्लान
अयथार्थ – यथार्थ
अयशस्वी – यशस्वी
अयाचित[1] – याचित
अयुक्त[2] – युक्त
अयुक्ति[3] – युक्ति
अयुक्तिपूर्ण – युक्तिपूर्ण
अयुक्तियुक्त – युक्तियुक्त
अयोगात्मक – योगात्मक
अयोग्य – योग्य
अयोग्यता – योग्यता
अयौगिक – यौगिक
अरक्षणीय – रक्षणीय
अरक्षित – रक्षित
अरचित – रचित
अरसिक – रसिक
अराजपत्रिक – राजपत्रिक
अराष्ट्रीय – राष्ट्रीय
अरि – मित्र
अरुचि – रुचि
अरुचिकर – रुचिकर
अरोचक – रोचक
अरौद्र – रौद्र
अर्जन – अनर्जन
अर्जित – अनर्जित
अर्थ – अनर्थ
अर्थवान् – अर्थहीन, निरर्थक
अर्थहीन – अर्थवान
अर्थोत्कर्ष – अर्थापकर्ष
अर्द्ध – पूर्ण
अर्पण – ग्रहण
अर्वाचीन – प्राचीन
अर्हता – अनर्हता
अलंकृत – अनलंकृत
अलंघ्य – लंघ्य
अलगाना – मिलाना
अलक्षित – लक्षित
अलक्ष्य – लक्ष्य
अलभ्य – लभ्य
अलहदा – जुड़ा
अलिखित – लिखित
अलिप्त – लिप्त
अलोकप्रिय – लोकप्रिय
अलोहित[4] – लोहित
अलौकिक – लौकिक
अल्प – अधिक, बहु, प्रचुर

1. जिसकी याचना न की गई हो
2. पृथक्, जो उपयुक्त न हो
3. असम्बद्धता
4. रक्तहीन, जो लाल रंग का न हो

अल्पकालीन – दीर्घकालीन
अल्पज्ञ – बहुज्ञ, सर्वज्ञ
अल्पज्ञता – बहुज्ञता, सर्वज्ञता
अल्पतम – अधिकतम
अल्पतर – अधिकतर
अल्पता – अधिकता
अल्पप्राण – महाप्राण
अल्पमत – बहुमत
अल्पश्रुत – बहुश्रुत
अल्पवयस्क – वयस्क
अल्पसंख्यक – बहुसंख्यक
अल्पायु – दीर्घायु
अल्पावस्था – वृद्धावस्था
अवकाश – अनवकाश
अवकृष्ट[1] – उत्कृष्ट
अवगत – अनवगत
अवगुण – गुण
अवचनबद्ध – वचनबद्ध
अवज्ञा – आज्ञापालन
अवज्ञाकारी – आज्ञाकारी
अवतल[2] – उत्तल
अवधि – निरवधि
अवरूढ़ – आरूढ़
अवनत – उन्नत
अवनति – उन्नति
अवनि – अंबर
अवमूल्यन – अधिमूल्यन
अवयस्क – वयस्क
अवर – प्रवर
अवर्णनीय – वर्ण्य, वर्णनीय
अवरुद्ध – अनवरुद्ध
अवरोपण – रोपण
अवरोह – आरोह
अवरोहण – आरोहण
अवरोही – आरोही
अवलंब – निरावलंब
अवलंबित – अनवलंबित
अवशेष – निःशेष
अवसर – अनवसर
अवसन्न[3] – प्रसन्न
अवसान – आविर्भाव, उद्‌भव
अवसाद – प्रसाद
अवस्थित – अनवस्थित
अवांछनीय – वांछनीय
अवांछित – वांछित
अवाक् – सवाक्
अवाच्य – वाच्य
अर्वाचीन – प्राचीन
अविकसित – विकसित
अविकल – विकल
अविकारी – विकारी
अविकीर्ण – विकीर्ण
अविकृत – विकृत
अविक्षिप्त – विक्षिप्त
अविक्षुब्ध[4] – विक्षुब्ध

---

1. नीच, निकृष्ट
2. जिसका तल बीच में कुछ दबा हुआ हो
3. उदास
4. शांत

अविख्यात	– विख्यात	अवियोज्य[3]	– वियोज्य
अविचल	– डाँवाडोल, ढुलमुल	अविरत[4]	– विरत
		अविलंब	– विलंब
अविचलित	– विचलित	अविलंबित	– विलंबित
अविचारणीय	– विचारणीय	अविवाहित	– विवाहित
अविचारी	– विचारवान	अविवेक	– विवेक
अविचारित	– विचारित	अविवेकी	– विवेकी
अविच्छिन्न	– विच्छिन्न	अविशुद्ध	– विशुद्ध
अविजित	– विजित	अविशेषज्ञ	– विशेषज्ञ
अविज्ञ	– विज्ञ	अविश्वसनीय	– विश्वसनीय
अविदग्ध	– विदग्ध	अविश्वस्त	– विश्वस्त
अविदित	– विदित	अविश्वास	– विश्वास
अविदूर[1]	– दूर, विदूर	अविस्तीर्ण	– विस्तीर्ण
अविद्यमान	– विद्यमान	अविस्मरणीय	– विस्मरणीय
अविद्या	– विद्या	अविहित[5]	– विहित
अविधिक	– विधिक	अवृथा[6]	– वृथा
अविनम्र	– विनम्र	अवैतनिक	– वैतनिक
अविनय	– विनय	अवेक्षा[7]	– अनवेक्षा
अविनयी	– विनयी	अवैदिक[8]	– वैदिक
अविनाशी	– विनाशी	अवैध	– वैध
अविनश्वर	– विनश्वर	अवैधानिक	– वैधानिक
अविनीत	– विनीत	अव्यक्त	– व्यक्त
अविबुध[2]	– विबुध	अव्यग्र	– व्यग्र
अविभक्त	– विभक्त	अव्यर्थ	– व्यर्थ
अविभाजित	– विभाजित	अव्यवस्था	– व्यवस्था
अविभाज्य	– विभाज्य	अव्यवस्थित	– व्यवस्थित

---

1. समीपस्थ
2. मूर्ख
3. जिसे अलग न किया जा सके
4. विराम रहित, निरन्तर
5. अनुचित, जो शास्त्र विहित न हो
6. जो व्यर्थ न हो
7. ध्यान देना, संज्ञान में लाना
8. जो वेदों के अनुकूल न हो

अव्यवहृत – व्यवहृत
अव्यवहार्य – व्यवहार्य
अव्याप्य – व्याप्य
अव्यावहारिक – व्यावहारिक
अव्वल – आख़िरी
अशंकित – शंकित
अशक्त – सशक्त
अशक्य – शक्य
अशिव – शिव
अशन्न[1] – शन्न
अशरीरी – शरीरी
अशांत – शांत
अशस्त्र – सशस्त्र
अशास्त्रीय – शास्त्रीय
अशिक्षित – शिक्षित
अशिष्ट – शिष्ट
अशिष्टता – शिष्टता
अशुचि – शुचि
अशुद्ध – शुद्ध
अशुद्धता – शुद्धता
अशुद्धिपत्र – शुद्धिपत्र
अशुभ – शुभ
अशेष – शेष
अशोचनीय – शोचनीय
अशोधित – शोधित
अशोभन – शोभन
अशोभनीय – शोभनीय
अशोभित – शोभित
अशोषित – शोषित
अशौच[2] – शौच
अश्रद्धा – श्रद्धा
अश्रवणीय – श्रवणीय
अश्रांत – श्रांत
अश्राव्य – श्राव्य
अश्रुत – श्रुत
अश्लाघनीय – श्लाघनीय
अश्लिष्ट – श्लिष्ट
अश्लील – श्लील
अश्वेत – श्वेत
अष्ठीवित[3] – ष्ठीवित
अष्ठेविता[4] – ष्ठेविता
असंकुल – संकुल
असंग – संग
असंगत – संगत
असंगति – संगति
असंत – संत
असंतुलन – संतुलन
असंतुलित – संतुलित
असंतुष्ट – संतुष्ट
असंतुष्टि – संतुष्टि
असंतोष – संतोष
असंतोषजनक – संतोषजनक
असंतोषी – संतोषी
असंदिग्ध – संदिग्ध
असंपृक्त – संपृक्त
असंबद्ध – संबद्ध

---

1. जो मुर्झाया हुआ न हो
2. अपवित्र
3. जो थूका हुआ न हो
4. न थूकने वाला

असंभव – संभव
असंभावना – संभावना
असंभावित – संभावित
असंभाव्य – संभाव्य
असंभाषण – संभाषण
असंभाष्य – संभाष्य
असंयत – संयत
असंयम – संयम
असंयमित – संयमित
असंयमी – संयमी
असंयुक्त – संयुक्त
असंरक्षित – संरक्षित
असंलग्न – संलग्न
असंवृत[1] – संवृत
असंवृद्ध – संवृद्ध
असंशय – संशय
असंशोधित – संशोधित
असंसक्ति[2] – संसक्ति
असंसृष्ट[3] – संसृष्ट
असंसारी – संसारी
असंस्कृत[4] – संस्कृत
असंहत[5] – संहत
असंहति – संहति
असतर्कता – सतर्कता
असती – सती
असत् – सत्

असत्य – सत्य
असत्यवादी – सत्यवादी
असत्यशील – सत्यशील
असन्निहित – सन्निहित
असफल – सफल
असफलता – सफलता
असफलीभूत – सफलीभूत
असभ्य – सभ्य
असभ्यता – सभ्यता
असममित[6] – सममित
असम – सम
असमतल – समतल
असमता – समता
असमय – समय
असमरूप – समरूप
असमर्थ – समर्थ
असमर्थता – समर्थता
असमर्थित – समर्थित
असमानता – समानता
असमाप्त – समाप्त
असमाहार – समाहार
असमाहित – समाहित
असमीचीन – समीचीन
असम्मत – सम्मत
असम्मति – सम्मति
असम्मित[7] – सम्मित

---

1. जो ढका न हो
2. लगाव न होना
3. जो मिश्रित न हो
4. जो परिष्कृत न हो
5. असंयुक्त
6. जिसके अवयवों में संतुलन न हो
7. जो मापा हुआ न हो

असर – बेअसर
असल – नकल
असली – नकली
असवर्ण – सवर्ण
असहज – सहज
असहनीय – सहनीय
असहमत – सहमत
असहमति – सहमति
असहयोग – सहयोग
असहिष्णु – सहिष्णु
असहिष्णुता – सहिष्णुता
असह्य – सह्य
असांप्रदायिक – सांप्रदायिक
असाधारण – साधारण
असाधित – साधित
असाधु – साधु
असाधुता – साधुता
असाध्य – साध्य
असाध्वी – साध्वी
असामंजस्य – सामंजस्य
असामयिक – सामयिक
असामर्थ्य – सामर्थ्य
असामाजिक – सामाजिक
असामान्य – सामान्य
असावधान – सावधान
असावधानी – सावधानी
असिंचित – सिंचित
असित – सित
असिद्ध – सिद्ध
असिद्धि – सिद्धि
असीम – ससीम
असीमित – सीमित
असुंदर – सुंदर
असुधार्य – सुधार्य
असुर – सुर
असुरक्षा – सुरक्षा
असुरक्षित – सुरक्षित
असुरभित – सुरभित
असुविधा – सुविधा
असुविधाजनक – सुविधाजनक
असूझ – सूझ
असूया[1] – अनसूया
असेवित – सेवित
असैद्धान्तिक – सैद्धान्तिक
असोच – ससोच
अस्खलित[2] – स्खलित
अस्त – उदय
अस्ताचल – उदयाचल
अस्तित्व – अनस्तित्व
अस्तेय[3] – स्तेय
अस्त्रीकरण – निरस्त्रीकरण
अस्थायी – स्थायी
अस्थैर्य[4] – स्थैर्य
अस्थिर – स्थिर
अस्थिरचित्त – स्थिरचित्त
अस्थिरता – स्थिरता

1. ईर्ष्या
2. स्थिर
3. चोरी न करना
4. अस्थिरता

अस्पष्ट – स्पष्ट
अस्पष्टता – स्पष्टता
अस्पृश्य – स्पृश्य
अस्फुट – स्फुट
अस्वच्छ – स्वच्छ
अस्वच्छता – स्वच्छता
अस्वनित[1] – स्वनित
अस्वस्थ – स्वस्थ
अस्वाभाविक – स्वाभाविक
अस्वास्थ्यकर – स्वास्थ्यकर
अस्वीकार – स्वीकार
अस्वीकारात्मक – स्वीकारात्मक
अस्वीकार्य – स्वीकार्य
अस्वीकृत – स्वीकृत
अस्वीकृति – स्वीकृति
अस्वेच्छाचारी – स्वेच्छाचारी
अहंकार – अनहंकार, निरहंकार
अहंकारी – निरहंकारी, विनयी
अहत – हत
अहिंसक – हिंसक
अहिंसा – हिंसा
अहिंस्र[2] – हिंस्र
अहित – हित
अहितकर – हितकर
अहितकारी – हितकारी
अहित – हित
अहेतु – हेतु

(आ)

आंतर – बाह्य
आंतरिक – बाह्य
आंशिक – पूर्णतया
आकर्षक – अनाकर्षक, अपकर्षक, विकर्षक
आकर्षण – अनाकर्षण, अपकर्षण, विकर्षण
आकस्मिक – प्रत्याशित
आकांक्षा – निरकांक्षा
आकांक्षी – निराकांक्षी
आकार – निराकार
आकाश – पाताल
आकाशचारी – पातालचारी
आकाशलोक – भूलोक
आकीर्ण – विकीर्ण
आकुंचन – प्रसारण
आकृष्ट – अनाकृष्ट, विकृष्ट
आक्रमण – प्रतिरक्षा
आक्रांत – अनाक्रांत, आक्रामक
आक्रामक – आक्रांत, अनाक्रामक
आख़िरी – पहला, अव्वल

1. ध्वनिरहित

2. जो हिंसक न हो

आगत – गत, निर्गत, विगत
आगम – निर्गम
आगमन – प्रस्थान
आगा – पीछा
आगामी – विगत
आगे – पीछे
आग्रह – दुराग्रह
आग्रही – दुराग्रही
आघात – अनाघात
आघ्रात – अनाघ्रात
आचरण – अनाचरण
आचार – अनाचार
आच्छादित – अनाच्छादित
आज – कल
आज़ाद – ग़ुलाम
आज़ादी – ग़ुलामी
आज्ञा – अवज्ञा
आज्ञाकारी – अवज्ञाकारी
आडंबर – सादगी, निराडंबर
आंडबरपूर्ण – आडंबरहीन
आतप – निरातप, छाया
आतुर – अनातुर
आत्मनिर्भर – अनुजीवी, परजीवी
आत्मनिष्ठ – वस्तुनिष्ठ
आत्मवाद – अनात्मवाद
आत्मवादी – अनात्मवादी
आत्मसंशय – आत्मविश्वास
आत्मा – परमात्मा
आत्मिक – भौतिक
आदर – अनादर, निरादर
आदान – प्रदान
आदि – अंत, अनादि
आदिष्ट[1] – अनादिष्ट, निषिद्ध
आदृत – अनादृत, निरादृत, तिरस्कृत
आद्य – अंत्य
आधा – पूरा, सारा
आधार – आधेय
आधिक्य – अनाधिक्य
आधुनिक – प्राचीन, पुराना
आधेय – आधार
आध्यात्मिक – भौतिक, सांसारिक
आनंद – विषाद, शोक
आनंदप्रद – कष्टप्रद
आनंदमग्न – शोकमग्न
आनंदमय – विषादमय, विषादपूर्ण

1. जिसके संबंध में आदेश किया गया हो

आना – जाना
आनुषंगिक – प्रमुख, मुख्य
आपत्ति – अनापत्ति
आपसदारी – दुजायगी, परायापन
आप्त – अनाप्त
आबाद – बरबाद, ग़ैर, आबाद
आभिजात्यवाद[1] – शास्त्रवाद
आभ्यंतर – बाह्य
आमंत्रित – अनामंत्रित
आम – ख़ास
आमदनी – ख़र्च
आमिष – निरामिष
आमिषभोजी – निरामिषभोजी
आमिषायी – निरामिषायी
आय – व्यय
आयात – निर्यात
आयास – अनायास, निरायास
आयोजन – वियोजन
आरंभ – इतिश्री, अंत, समापन, समाप्ति
आरंभिक – अंतिम
आरक्षित – अनारक्षित
आराध्य – अनाराध्य
आराम – बेआराम, तकलीफ़
आरूढ़ – अवरूढ़, अनारूढ़
आरोग्य – अनारोग्य
आरोह – अवरोह
आरोहण – अवरोहण
आरोही – अवरोही
आर्जव[2] – अनार्जव
आर्द्र – शुष्क
आर्य – अनार्य
आर्ष[3] – अनार्ष
आलसी – कर्मठ, परिश्रमी
आलस्य – उद्यम
आलोक – तिमिर, अंधकार
आलोचित – अनालोचित
आवक – जावक
आवरण – अनावरण
आवर्तक – अनावर्तक
आवर्षण[4] – अनावर्षण
आवश्यक – अनावश्यक
आवासिक – अनावासिक
आवाहन – विसर्जन
आविर्भाव – तिरोभाव, अवसान
आविर्भूत – तिरोभूत
आवृत्त – अनावृत्त

---

1. सुसंस्कृत समाज के लिए लिखने की प्रवृत्ति
2. सरलता
3. ऋषि संबंधी
4. वर्षा

आवृत्ति – अनावृत्ति
आवेशित – अनावेशित
आशंका – विश्वास
आशा – निराशा
आशाजनक – निराशाजनक
आशावाद – निराशावाद
आशावादी – निराशावादी
आशावान – निराशावान, आशाहीन
आशीर्वाद – अभिशाप, शाप
आश्रय – निराश्रय
आश्रित – अनाश्रित
आसक्त – अनासक्त, विरक्त, उदासीन
आसक्ति – अनासक्ति, उदासीनता
आसान – मुश्किल, कठिन
आसानी – कठिनाई
आसीन – अनासीन
आसुरी – दैवी
आस्था – अनास्था
आस्वादित – अनास्वादित
आस्तिक – नास्तिक
आस्तिकता – नास्तिकता
आहत – अनाहत
आहार – अनाहार
आहारी – निराहारी
आहार्य – अनाहार्य
आहूत – अनाहूत
आह्लाद – विषाद
आह्वान – विसर्जन

(इ)

इंद्रियगोचर – इंद्रियातीत
इंदु – सूर्य
इंसान – हैवान
इंसानियत – हैवानियत
इंसाफ – नाइंसाफी, बेइंसाफी
इकट्ठा – अलग
इकतरफा – दुतरफा
इकहरा – दोहरा
इकाई – सकल, समग्र
इच्छा – अनिच्छा
इच्छित – अनिच्छित
इच्छुक – अनिच्छुक
इज़्ज़त – बेइज़्ज़ती
इतना – उतना
इति – अथ, प्रारंभ
इतिश्री – आरंभ, श्रीगणेश
इधर – उधर
इन – उन
इनकार – स्वीकार्य
इनाम – दंड, जुर्माना
इष्ट – अनिष्ट
इसी – उसी
इसे – उसे
इहलोक – परलोक

इहलौकिक – पारलौकिक

(ई)

ईद – मुहर्रम
ईप्सा – अनीप्सा
ईप्सित[1] – अनीप्सित
ईमानदार – बेईमान
ईमानदारी – बेईमानी
ईश – अनीश
ईश्वर – अनीश्वर, जीव
ईश्वरवादी – अनीश्वरवादी
ईषत् – प्रचुर
ईहा – अनीहा

(उ)

उँजियार – अँधियार
उऋण – ऋणी
उक्त – अनुक्त
उखड़ना – जमना, लगना
उखड़वाना – जमवाना, लगवाना
उखाड़ना – जमाना, लगाना
उगना – डूबना
उगलना – निगलना
उगलवाना – निगलवाना
उग्र – सौम्य, नम्र
उग्रता – सौम्यता
उग्रदर्शन – सौम्यदर्शन
उग्रा – सौम्या
उघड़ना – छिपना
उघाड़ना – छिपाना, ढकना
उचटना – लगना
उचित – अनुचित
उच्च – निम्न, अनुच्च
उच्चतम – निम्नतम
उच्चता – निम्नता, नीचता
उच्चारित – अनुच्चारित
उच्छ्वास – निःश्वास
उच्छिष्ट[2] – अनुच्छिष्ट
उच्छृंखल – मर्यादित, संयत
उजड्ड – सभ्य
उजड़ना – बसना
उजला – मैला
उजाड़ना – बसाना
उजागर – गुप्त
उजाला – अँधेरा
उज्ज्वल – धूमिल, मलिन
उटज[3] – प्रासाद
उठना – बैठना, गिरना
उठान – धँसान
उठाना – पटकना, गिराना, बैठाना
उड्डीन[4] – अवडीन

---

1. इच्छित
2. त्यक्त, जूठा अन्न
3. पर्णकुटी
4. उड़ान

उतना – इतना
उतरना – चढ़ना
उतरवाना – लदवाना
उतराई – चढ़ाई
उतहि[1] – इतहि
उतार – चढ़ाव
उतारना – चढ़ाना, लादना
उतावली – धीरज
उतै[2] – इतै
उत्कंठा – अनुत्कंठा
उत्कंठित – अनुत्कंठित
उत्कर्ष – अपकर्ष, पराभव
उत्कृष्ट – निकृष्ट
उत्कृष्टता – निकृष्टता
उत्तम – अनुत्तम, अधम
उत्तमर्ण[3] – अधमर्ण
उत्तर – दक्षिण, प्रश्न
उत्तरदायी – अनुत्तरदायी
उत्तरपक्ष – पूर्वपक्ष
उत्तरवस्त्र – अधोवस्त्र
उत्तरायण – दक्षिणायन
उत्तरार्ध – पूर्वार्ध
उत्तरित – अनुत्तरित
उत्तरी – दक्षिणी
उत्ता[4] – इत्ता
उत्तीर्ण – अनुत्तीर्ण
उत्तेजक – प्रशामक
उत्तेजन – प्रशमन
उत्तेजित – प्रशमित
उत्थान – पतन
उत्पन्न – अनुत्पन्न
उत्पत्ति – विनाश
उत्पादक – अनुत्पादक, उपभोक्ता
उत्प्रवास[5] – आप्रवास
उत्प्रवासन – आप्रवासन
उत्प्रवासी – आप्रवासी
उत्फुल्ल – संकुचित
उत्सर्पिणी[6] – अवसर्पिणी
उत्साह – अनुत्साह, निरुत्साह
उत्साहजनक – निराशाजनक
उत्साही – अनुत्साही
उत्सुक – अनुत्सुक
उथला – गहरा, अथाह
उदग्र – अनुदग्र
उदय – अस्त
उदयाचल – अस्ताचल
उदात्त – अनुदात्त
उदार – अनुदार, कृपण
उदारता – अनुदारता, कृपणता

---

1. उधर ही
2. उस ओर
3. ऋणदाता
4. उतना
5. अपना देश छोड़कर विदेश में जा बसना
6. काल का एक विभाग जिसमें आयु, बल आदि की निरंतर वृद्धि होती है

उदासीन – आसक्त
उदास – प्रफुल्ल
उदासीनता – आसक्ति
उदित – अस्त
उदीच्य – प्रतीच्य
उदंड – विनम्र
उद्गम – विलोपन
उद्धत – अनुद्धत, विनीत, सौम्य, शांत
उद्धृत – अनुद्धृत
उद्भट – साधारण
उद्भव – अवसान
उद्भूत – अनुद्भूत
उद्यम – आलस्य, निरुद्यम
उद्यमी – आलसी
उद्योग – अनुद्योग
उद्योगी – अनुद्योगी
उद्विग्न – अनुद्विग्न, निरुद्विग्न
उद्वेग – निरुद्वेग
उधर – इधर
उधार – नकद
उधेड़ना – बुनना, सीना
उन – इन
उन्नत – अवनत
उन्नति – अवनति

उन्नतोदर – नतोदर
उन्नयन – अवनयन
उन्मज्जक[1] – निमज्जक
उन्मत – अनुन्मत्त
उन्मीलन – निमीलन
उन्मीलित – मीलित
उन्मुख – विमुख
उन्मूलन – रोपण
उपकार – अपकार, प्रतिकार
उपकारक – प्रतिकारक, अनुपकारक, अपकारक
उपकारी – प्रतिकारी
उपकृत – अपकृत
उपगत – अनुपगत
उपचय – अपचय
उपचित[2] – अपचित
उपचिति[3] – अपचिति
उपजाऊ – अनुपजाऊ, बंजर
उपधि[4] – निरुपधि
उपपातक – महापातक
उपभोक्ता – उत्पादक
उपयुक्त – अनुपयुक्त
उपमित[5] – अनुपमित
उपमेय – अनुपमेय

---

1. (स्नान के बाद नदी आदि के) जल से बाहर आने वाला
2. एकत्रित, इकट्ठा किया हुआ
3. इकट्ठा करना
4. छल, कपट
5. जिसकी किसी से उपमा दी गई हो

उपयुक्तता – अनुपयुक्तता
उपयोग – अनुपयोग
उपयोगी – अनुपयोगी, निरुपयोगी
उपरि – अधः
उपरिलिखित – अधोलिखित, निम्नलिखित
उपलब्ध – अनुपलब्ध
उपलब्धि – अनुपलब्धि
उपसर्ग – प्रत्यय
उपस्थित – अनुपस्थित
उपस्थिति – अनुपस्थिति
उपादेय – अनुपादेय, हेय
उपार्जित – अनुपार्जित
उपेक्षा – अपेक्षा
उपेक्षित – सम्मानित
उभयनिष्ठ – एकनिष्ठ
उभरा – धँसा
उम्मीद – नाउम्मीदी
उरला[1] – परला
उर्वर – अनुर्वर, ऊसर, बंजर
उलझना – सुलझना
उलटना – पलटना
उलटा – पलटा
उल्लंघन – अनुल्लघंन
उल्लास – विषाद
उषा – संध्या
उष्ण – शीत
उसी – इसी
उसूली[2] – बेउसूल
उसे – इसे
उस्ताद – शागिर्द

(ऊ)

ऊँच – नीच
ऊँचा – नीचा
ऊँचाई – नीचाई
ऊघड़ – सुघड़
ऊढ़[3] – अनूढ़
ऊढ़ा[4] – अनूढ़ा
ऊर्ध्वांग – निम्नांग
ऊर्ध्व – निम्न, अधः
ऊर्ध्वगति – अधोगति
ऊर्ध्वगामी – अधोगामी
ऊर्ध्वचरण – अधोचरण
ऊर्ध्वबाहु – अधोबाहु
ऊर्ध्वदृष्टि – अधोदृष्टि
ऊर्ध्वमुख – अधोमुख
ऊर्ध्वमुखी – अधोमुखी
ऊष्म – शीतल
ऊपर – नीचे
ऊपरी – निचला
ऊबड़ – खाबड़–सपाट

---

1. इस ओर का
2. अपने नियम का पालन करने वाला
3. विवाहित पुरुष
4. विवाहिता स्त्री, परकीया स्त्री

ऊर्म्या[1] – दिवस
ऊसर – उपजाऊ, उर्वर

(ऋ)

ऋजु – वक्र, कुटिल
ऋजुता – वक्रता
ऋण – धन
ऋणग्रस्त – ऋणमुक्त
ऋणग्राही – ऋणदायी
ऋणात्मक – धनात्मक
ऋणी – उऋण
ऋत[2] – अनृत
ऋतु – अऋतु

(ए)

एक – अनेक
एकतंत्र – बहुतंत्र
एकता – अनेकता, विषमता
एकत्र – विकीर्ण
एकत्व – अनेकत्व
एकदेशीय – सर्वदेशीय
एकनिष्ठ – बहुनिष्ठ
एकपक्षीय – बहुपक्षीय
एकमुख – बहुमुख, अनेकमुख
एकरूप – अनेकरूप, बहुरूप
एकरूपता – अनेकरूपता
एकरूपिणी – अनेकरूपिणी, बहुरूपिणी
एकवचन – बहुवचन
एकांगी – सर्वांगीण, सर्वांगी
एकाग्रचित्त – अन्यमनस्क, दुचित्त
एकार्थक – अनेकार्थक, द्वयर्थक
एकेश्वरवाद – बहुदेववाद
एकेश्वरवादी – बहुदेववादी अनेकेश्वरवादी
एड़ी – चोटी
एतबार[3] – बेएतबार
एतबारी[4] – बेएतबारी
एषण[5] – निष्काम
एहसानमंद – एहसान–फ़रामोश

(ऐ)

ऐक्य – अनैक्य
ऐगुन – गुन

---

1. रात
2. सत्य
3. विश्वास
4. विश्वास करने योग्य
5. कामना करना

ऐच्छिक – अनैच्छिक, अनिवार्य
ऐतिहासिक – अनैतिहासिक
ऐब – फ़न
ऐश्वर्य – अनैश्वर्य, दैन्य
ऐसा – वैसा
ऐसे – वैसे
ऐहिक – पारलौकिक

(ओ)

ओछा – गंभीर
ओछापन – बड़प्पन
ओजस्वी – ओजहीन, निस्तेज
ओझल – प्रकट
ओट – प्रकट
ओतप्रोत – विहीन

(औ)

औंधा – सीधा
औंधाना – सीधा करना
औचित्य – अनौचित्य
औजस्य – अनौजस्य
औद्धत्य[1] – अनौद्धत्य
औपचारिक – अनौपचारिक
औपचारिकता – अनौपचारिकता
औपम्य – अनौपम्य
औरस – जारज, दत्तक
औवल – आखिरी

(क)

कंगाल – समृद्ध
कंजूस – शाहखर्च, मुक्तहस्त, दरियादिल
कंटकाकीर्ण – अकंटकाकीर्ण
कंटकित – अकंटकित
कंपित – अकंपित
कच्चा – पक्का
कटाव – भराव
कटु – मधुर, प्रिय
कटुभाषी – मृदुभाषी
कठिन – सरल, सहज
कठिनता – सरलता
कठोर – कोमल, मुलायम, विनम्र
कठोरता – कोमलता
कड़वा – मीठा
कड़ा – नरम, लचीला
कड़ाई – ढिलाई
कतरा – साबुत
कथनी – करनी
कथनीय – अकथनीय
कथित – अकथित

1. उजड्डपन

कथ्य – अकथ्य
कदाचार – सदाचार
कदाचित् – निश्चित
क़द्र – बेक़द्र
कनिष्ठ – ज्येष्ठ, वरिष्ठ
कपट – निष्कपट
कपटी – निश्छल, निष्कपट
कपूत – सपूत
कपूती – सपूती
क़बूल – नाक़बूल
क़बूलना – नाक़बूलना
कभी–कभी – हमेशा
कम – बहुत, अधिक, ज्यादा
कमज़ोर – ताकतवर, तगड़ा
कमाना – गँवाना
कमी – बेशी, बहुतायत
करणीय – अकरणीय
करनी – कथनी
कराल – भव्य
क़रीब – दूर
करुण – निष्ठुर
करुणा – निष्ठुरता
करुणामय – निष्करुण
कर्कश – मधुर, मृदु
कर्तव्य – अकर्तव्य
कर्ता – अकर्ता
कर्म – निष्कर्म, अकर्म

कर्मठ – आलसी
कर्मण्य – अकर्मण्य
कर्मण्यता – अकर्मण्यता
कल – आज
कलंक – गौरव, श्रेय
कलंकित – निष्कलंक
कलंकी – निष्कलंकी
कलाधर – दिवाकर
कलमी – बीजू
कल्पनातीत – कल्पनीय
कल्पनीय – अकल्पनीय, कल्पनातीत
कल्याण – अकल्याण
कष्टकर – सुविधाजनक
कसना – खोलना
कसा – ढीला
कसूर – बेकसूर
कसूरवार – बेकसूरवार
कहा – अनकहा
कहीं–कहीं – सब जगह, सर्वत्र
काज – अकाज
काटना – सिलना, जोड़ना
काट्य – अकाट्य
क़ानूनी – ग़ैरक़ानूनी
क़ाबिल – नाक़ाबिल
क़ाबिलियत – नाक़ाबिलियत
क़ाबू – बेक़ाबू
कामयाब – नाकामयाब
कामयाबी – नाकामयाबी
कामी – अकाम, निष्काम

कायर – निडर, वीर
कायरता – वीरता
कारण – कार्य
काला – गोरा
काल्पनिक – वास्तविक
क़िस्मतवार – बदक़िस्मत
क़िस्मतवाला – बदक़िस्मत
क्लिष्ट – अक्लिष्ट
कीर्ति – अपकीर्ति
कीर्तिकर – अकीर्तिकर
कुंठित – अकुंठित, तीक्ष्ण, तीखा, धारदार
कुंद – तेज, तीक्ष्ण, कुशाग्र
कुकर्म – सुकर्म, सत्कर्म
कुकृत्य – सुकृत्य
कुख्यात – विख्यात
कुचाल – सुचाल
कुचालक – सुचालक
कुछ – सब
कुटिल – सरल
कुटी – प्रासाद
कुतर्कपूर्ण – तर्कपूर्ण
कुत्सित – प्रशंसित
कुदिन – सुदिन
कुपथ – सुपथ
कुपरिणाम – सुपरिणाम
कुपात्र – सुपात्र
कुपाच्य – सुपाच्य
कुपुत्र – सुपुत्र

कुप्रथा – सुप्रथा
कुप्रबंध – सुप्रबंध
कुप्रभाव – सुप्रभाव
कुप्रयोग – सुप्रयोग
कुफल – सुफल
कुबुद्धि – सुबुद्धि
कुमति – सुमति
कुमारी – विवाहिता
कुमार्ग – सन्मार्ग, सुमार्ग
कुयोग – सुयोग
कुराज – सुराज
कुरुचि – सुरुचि
कुरूप – सुरूप
कुलक्षण – सुलक्षण
कुलटा – सती, पतिव्रता
कुलदीप – कुलगार
कुलीन – अकुलीन
कुव्यवस्था – सुव्यवस्था
कुशल – अकुशल
कुशलता – अकुशलता
कुशासन – सुशासन
कुसंग – सत्संग
कुसंगति – सत्संगति, सुसंगति
कुसमय – सुसमय
कृत – अकृत
कृतकार्य – अकृतकार्य
कृतज्ञ – अकृतज्ञ, कृतघ्न
कृतज्ञता – अकृतज्ञता, कृतघ्नता

कृत्रिम – अकृत्रिम, स्वाभाविक प्रकृत
कृत्रिमता – अकृत्रिमता
कृपण – उदार, दाता
कृपा – अकृपा, कोप
कृपालु – क्रूर
कृश – स्थूल
कृशकाय – स्थूलकाय
कृष्ण – शुक्ल, गौर, श्वेत
कृष्ट[1] – अकृष्ट
केंद्रीकरण – विकेंद्रीकरण
के अंदर – के बाहर
के ऊपर – के नीचे
कोठी – कुटी, कुटिया
कोप – कृपा
कोमलता – कठोरता
कोलाहल – शांति, नीरवता
कौशल – अकौशल
क्रम – व्यतिक्रम, अपक्रम
क्रमशः – युगपत्
क्रमिक – अक्रमिक
क्रय – विक्रय
क्रांति – यथास्थिति
क्रिया – प्रतिक्रिया
क्रियाशील – निष्क्रिय
क्रुद्ध – शांत
क्रूर – अक्रूर, कृपालु
क्रूरता – दया
क्रेता – विक्रेता
क्रोध – अक्रोध, शांत, क्षमा

(ख)

खंड – अखंड
खंडन – मंडन
खंडनीय – मंडनीय
खंडित – अखंडित, अखंड
खग – मृग
खगोल – भूगोल
खट्टा – मीठा
ख़बर – बेख़बर
खर – मृदु
खरा – खोटा
ख़री – खोटी
ख़राब – अच्छा
ख़राबी – खूबी
खरीफ़ – रबी
ख़रीद – बिक्री
ख़रीदना – बेचना
ख़र्च – जमा
ख़र्चीला – किफ़ायती, मितव्ययी
खल – नेक, सज्जन, साधु

1. जो जोता गया हो

खलु[1] – ससंदेह
खाद्य – अखाद्य
ख़ाली – भरा
ख़ास – आम
खिझाना – रिझाना
खिन्न – प्रसन्न
खिलना – मुरझाना
खिला – मुरझाया
खुदरा – थोक
खुरदरा – चिकना
ख़ुर्द[2] – कलाँ
खुला – बंद
खुलेआम – चोरीछिपे
ख़ुश – नाख़ुश, नाराज
ख़ुशकिस्मत – बदकिस्मत
ख़ुशगवार – नाख़ुशगवार
ख़ुशगवारी – नाख़ुशगवारी
ख़ुशनसीब – बदनसीब
ख़ुशनसीबी – बदनसीबी
ख़ुशबू – बदबू
ख़ुशबूदार – बदबूदार
ख़ुशमिज़ाज – बदमिज़ाज
ख़ुशी – ग़म, ग़मी
ख़ुशी–ख़ुशी – बेमन से
ख़ुश्क – नम
ख़ुश्की – नमी, तरी
ख़ूबसूरत – बदसूरत
ख़ूबी – ख़राबी
खेचर[3] – भूचर
खेद – प्रसन्नता
खोखला – ठोस
खोटा – खरा
खोटी – खरी
खोलना – बाँधना
ख्यात – अख्यात

(ग)

गँवार– शहरी
गंदगी – सफाई
गंदा – साफ
गंभीर – चंचल
गगन – पृथ्वी, धरा
गगनचुंबी – तलस्पर्शी
गणतंत्र – राजतंत्र
गणनीय – अगणनीय, अगण्य
गण्य – अगण्य, नगण्य
गत – आगत
गति – अगति, विराम, स्थिति
गतिशील – गतिहीन
गद्य – पद्य
गद्यांश – पद्यांश
गद्यात्मक – पद्यात्मक
गफ़ – झीना, झिल्लड़

1. निश्चय ही
2. छोटा
3. आकाश में विचरण करने वाला

ग़म – ख़ुशी
ग़मी – ख़ुशी
गमन – आगमन
गम्य – अगम्य
गरम – सर्द, ठंडा
गरमाना – ठंडाना
गरल – सुधा, अमृत
गरिमा – लघिमा
ग़रीब – अमीर
ग़रीबी – अमीरी
गर्मी – सर्दी, ठंड
गर्हित[1] – अगर्हित
ग़लत – सही
गहरा – छिछला, उथला
गाँव – शहर
गाढ़ा – पतला
गिरफ़्तार – रिहा
गिराना – थामना, उठाना
गीला – सूखा
गुण – अवगुण, दोष
गुणनफल – भागफल
गुणाढ्य – गुणहीन
गुणी – निर्गुणी
गुन – ऐगुन
गुनाह – बेगुनाह
गुनाहगार – बेगुनाह
गुप्त – प्रकट
गुमसुम – बातूनी, बड़बड़िया
गुरु – लघु
गुरुत्व – लघुत्व
ग़ुलाम – आज़ाद
ग़ुलामी – आज़ादी
गूढ़ – अगूढ़, बोधगम्य, प्रकट
गृहस्थ – संन्यासी
गृहा – त्यागी
गृहीता[2] – दाता
गेय – अगेय
ग़ैर – अपना, निजी
ग़ैरआबाद – आबाद
ग़ैरक़ानूनी – क़ानूनी
ग़ैरत[3] – बेग़ैरत
ग़ैरतमंद – बेग़ैरत
ग़ैरज़रूरी – ज़रूरी
ग़ैर ज़िम्मेदार – ज़िम्मेदार
ग़ैर ज़िम्मेदारी – ज़िम्मेदारी
ग़ैरफ़ानी[4] – फ़ानी
ग़ैरवाज़िब – वाज़िब
ग़ैरमायूस[5] – मायूस
ग़ैरमुमकिन – मुमकिन
ग़ैरमुल्क – मुल्क

---

1. निंदित
2. ग्रहण करने वाला
3. स्वाभिमान
4. शाश्वत
5. आशान्वित

ग़ैरसरकारी – सरकारी
ग़ैरहाजिर – हाज़िर
ग़ैरहाज़िरी – हाज़िरी
गोचर – अगोचर
गोपन – प्रकाशन
गोपनीय – अगोपनीय, सार्वजनिक
गोरक्षक – गोभक्षक
गोरा – काला
गोल – चपटा
गौण – मुख्य, प्रधान, प्रमुख
गौर – कृष्ण
गौरव – कलंक, लाघव
गौरवशाली – लाघवकारी
गौरी – श्यामा
ग्रंथित[1] – विकीर्ण
ग्रस्त – मुक्त
ग्रहण – त्याग, अर्पण
ग्राम – नगर
ग्रामीण – नगरीय, शहरी
ग्राम्य – नागर, नगर
ग्राह्य – अग्राह्य, त्याज्य

(घ)

घट – अघट
घटत – बढ़त
घटती – बढ़ती
घटना – बढ़ना
घटाना – जोड़ना, बढ़ाना
घटाव – बढ़ाव
घटित – अघटित
घटिया – बढ़िया
घन[2] – तरल
घना – छितरा, विरल
घमंडी – विनयी
घराती – बराती
घरेलू – बाहरी, जंगली, बनैला
घाटा – मुनाफ़ा
घात – प्रतिघात
घातक – रक्षक
घिनौना – लुभावना
घुसना – निकलना
घृणा – प्रेम
घोषित – अघोषित
घोष – अघोष

(च)

चंचल – गंभीर
चंचु[3] – अप्रसिद्ध
चढ़ना – उतरना, गिरना
चढ़ाई – उतराई
चढ़ाना – उतारना
चढ़ाव – उतार
चण्डावल[4] – हरावल

---

1. गूँथा हुआ
2. ठोस
3. प्रसिद्ध
4. सेना के पीछे का भाग

चतुर – मूर्ख, अनाड़ी
चपटा – गोल
चपल – अचपल, शांत
चमकीला – धुँधला
चर – अचर
चरित्रवान – चरित्रहीन
चर्मदृष्टि – ज्ञानदृष्टि
चल – अचल
चलना – ठहरना, रुकना
चाटना – थूकना
चाटुकार – स्वाभिमानी
चातुर्य – मूर्खता
चालाक – सीधा, भोला
चालू – ठप
चाह – अनचाह
चाहा – अनचाहा
चिंतनीय – अचिंतनीय
चिंताग्रस्त – चिंतामुक्त
चिंतामग्न – चिंतामुक्त
चिंतित – निश्चिंत, अचिंतित
चिंत्य – अचिंत्य
चिकित्स्य – अचिकित्स्य
चित – पट
चिरंतन – नश्वर
चिर – अचिर
चिरजीवी – अचिरजीवी, अल्पजीवी
चिरस्थायी – अचिरस्थायी, अल्पस्थायी
चिरायु – अल्पायु
चुप – मुखर
चुस्त – ढीला, लचर, शिथिल
चेतन – अचेतन, जड़
चेतनता – जड़ता
चेतना – मूर्च्छा
चैतन्य – जड़ता
चैन – बेचैनी
चोक्ष[1] – अशुद्ध
चोर – साहू, साह
चोरीछिपे – खुलेआम
चौड़ा – सकरा
चौड़ाई – लंबाई
च्युत – अच्युत

(छ)

छँटवाना – मिलवाना
छंदबद्ध – छंदमुक्त
छद्म – निश्छलता, निष्कपटता
छरहरा – दोहरा
छल – निश्छल
छली – निश्छल
छाँटना – मिलाना
छाँव – धूप
छाँह – धूप
छादन[2] – प्रकाशन

---

1. शुद्ध, पवित्र
2. छिपाना

छाया – आतप
छिछला – गहरा
छिनवाना – दिलवाना
छिपना – दिखना
छिपाना – दिखाना
छीनना – देना
छुड़वाना – पकड़वाना
छुटकारा – बंधन
छूँछा – भरा
छूट – बंधन
छूटना – पकड़ना
छूत – अछूत
छेद्य – अछेद्य
छोटा – बड़ा, लंबा
छोटाई – बड़ाई, लंबाई
छोटापन – बड़प्पन
छोड़ना – लपकना, पकड़ना

(ज)

जंगम – स्थावर
जंगली – पालतू
जगाना – सुलाना
जटिल – सरल
जड़ – चेतन
जड़ता – चेतनता
जनतंत्र – राजतंत्र
जड़तावादी – अध्यात्मवादी
जनाकीर्ण[1] – जनशून्य, विजन
जनाना – मर्दाना
जन्म – मृत्यु
जन्नत – जहन्नुम
जमना – पिघलना
जमवाना – उखड़वाना
जमा – ख़र्च
जमाना – उखाड़ना, पिघलाना
जय – पराजय
जर – अजर
जरठ[2] – युवा
जरूरी – ग़ैरजरूरी
जल – स्थल, अग्नि, थल
जलना – बुझना
जलाना – बुझाना
जल्द – देर
जल्दी – देरी
जवानी – बुढ़ापा
जहन्नुम – जन्नत
ज़हर – आबेहयात, अमृत
जागना – सोना
जागरण – स्वप्न, निद्रा, शयन
जागृति – सुषुप्ति

1. मनुष्यों से भरा हुआ स्थान
2. बूढ़ा

जाग्रत – सुप्त
जानकार – अनजान
जानदार – बेजान
जायज़ – नाजायज़
ज़ायका – बेज़ायका
जाति – विजाति
जातीय – विजातीय
जाना – अनजाना, आना
जाना–पहचाना – अजनबी, अनजान
जारज – औरस
ज़ालिम – रहमदिल
जाली – असली
जावक – आवक
जाहिल – तालीमयाफ़्ता
ज़िंदाबाद – मुर्दाबाद
ज़िंदादिल – मुर्दादिल
जिताना – हराना
जितेंद्रिय – अजितेंद्रिय, इंद्रियासक्त
ज़िम्मेदार – ग़ैरज़िम्मेदार
ज़िम्मेदारी – ग़ैरज़िम्मेदारी
जीत – हार
जीतना – हारना
जीना – मरना
जीर्ण – अजीर्ण
जीव – ब्रह्म, ईश्वर
जीवन – मृत्यु, मरण
जीवात्मा – परमात्मा
जीवित – मृत
जुड़ना – टूटना
जुड़ा – टूटा
जुदाई – मिलाप
जुर्माना – ईनाम
जेय – अजेय
जैसा – तैसा
जोड़ – तोड़, घटाव
जोड़ना – घटाना
जोरदार – हलका
ज़्यादा – कम
ज्येष्ठ – कनिष्ठ
ज्योति – तम, अंधकार
ज्योतिर्मय – तमोमय
ज्वलनशील – शमनशील
ज्वार – भाटा

(झ)

झंकृत – निस्तब्ध
झगड़ा – शांति, मेल
झगड़ालू – शांतिप्रिय
झिझक – बेझिझक
झिड़कना – पुचकारना
झीना – गफ़
झुँझलाना – मुस्कराना
झुण्ड – एकाकी
झुठाई – सच्चाई
झुलसना – हरियाना
झूठ – सच
झूठमूठ – सचमुच
झूठा – सच्चा
झूठापन – सच्चापन

झोपड़ी – महल

(ट)

टलना – रहना
टहलना – दौड़ना
टाट – रेशम
टीका[1] – भाष्य
टुकड़ा – साबुत
टूटना – जुड़ना
टूटा–फूटा – साबुत
टेढ़ा – सीधा
टेढ़ापन – सीधापन
टेढ़ा–मेढ़ा – सीधा–साधा
टोटा – नफ़ा

(ठ)

ठंडक – गरमी
ठंडा – गरम
ठप – चालू
ठस – तेज
ठसाठस – खाली
ठहरना – चलना
ठाला[2] – व्यस्त
ठिगना – लंबा
ठीक – ग़लत
ठोस – पोला, खोखला, तरल

(ड)

डपटना – पुचकारना
डरपोक – निडर
डराना – लुभाना
डरावना – लुभावना
डाँटना – पुचकारना
डूबना – तैरना

(ढ)

ढंग – बेढंग
ढकना – उघाड़ना
ढलान – चढ़ाई
ढाड़स – त्रास
ढालू – समतल
ढिग[3] – दूर
ढीठ – विनम्र
ढीला – तंग, कसा

(त)

तंग – ढीला
तंदुरुस्त – कमज़ोर

---

1. व्याख्या
2. निठल्ला
3. समीप

तंद्रा – क्रियाशीलता
तकलीफ़ – आराम
तटस्थ – पक्षपाती
तथा – यथा
तथ्य – अतथ्य
तद्वत[1] – अतद्वत
तनिक – अधिक
तन्वांगी – स्थूलांगी
तप्त – शीतल
तब – अब
तम – ज्योति, आलोक
तमीज़दार – बदतमीज़
तमोगुण – सतोगुण
तमोमय – ज्योतिर्मय
तर – ख़ुश्क, शुष्क
तरतीब – बेतरतीब
तरल – ठोस
तरी – ख़ुश्की
तरुण – वृद्ध
तरुणी – वृद्धा
तर्क – वितर्क, अतर्क
तर्कपूर्ण – कुतर्कपूर्ण
तर्कसंगत – तर्कहीन
तर्कहीन – तर्कसंगत, तर्कपूर्ण
तर्कित[2] – अतर्कित
तर्क्य – अतर्क्य
तलस्पर्शी – गगनचुंबी

तल्लीन – उदासीन
ताक़त – बेताक़ती
ताकतवर – कमजोर
ताज़ा – बासी
ताड़न – पालन
तादात्म्य[3] – भिन्नता
तात्कालिक – दूरगामी, स्थायी
ताप – शीत
तामसिक – सात्विक
तारीख़ी – बेतारीख़ी
तारीफ़ – बुराई
तारुण्य – वार्द्धक्य
तालीमयाफ़्ता – जाहिल
तिक्त – मधुर
तिग्म[4] – शीतल
तिमिर – आलोक
तिरस्कार – पुरस्कार, सत्कार
तिरस्कृत – पुरस्कृत
तिरोभाव – आविर्भाव
तीक्ष्ण – कुंठित, मंद
तीक्ष्णबुद्धि – मंदबुद्धि
तीव्र – मंद
तीखा – मीठा
तुकांत – अतुकांत
तुच्छ – महान्
तुरन्त – देर

---

1. जो उसके समान हो
2. जिस पर तर्क किया गया हो
3. एकरूपता, अभिन्नता
4. ताप

तुल्य – अतुल्य
तुष्ट – रुष्ट
तूर्त[1] – मंद, मंथर
तृप्त – अतृप्त
तृप्ति – अतृप्ति
तृषा – तृप्ति
तृष्णा – तृप्ति, वितृष्णा
तेज – धीमा
तेज़ी – मंदी
तेजस्वी – निस्तेज, तेजहीन
तैरना – डूबना
तैसा – जैसा
तोड़ना – जोड़ना
त्याग – भोग, ग्रहण, संग्रह
त्यागी – भोगी, संग्रही
त्याज्य – ग्राह्य

(थ)

थकान – आराम
थल – जल
थलचर – नभचर
थामना – गिराना
थिर – अस्थिर
थूकना – चाटना, निगलना
थोक – खुदरा, फुटकर
थोड़ा – बहुत, अधिक

(द)

दंड – पुरस्कार, क्षमा
दकियानूस – प्रगतिशील
दण्डनीय – अदण्डनीय
दण्ड्य – अदण्ड्य
दक्ष – अदक्ष
दक्षता – अदक्षता
दक्षिण – वाम,उत्तर
दक्षिणायन – उत्तरायण
दक्षिणावर्त[2] – वामावर्त
दक्षिणी – उत्तरी
दत्तक – औरस
दनुज – मनुज
दब्बू – दबंग
दमदार – बेदम
दमनीय – अदमनीय
दमित – उत्तेजित
दया – निर्दयता, क्रूरता
दयालु – निर्दय, निष्ठुर, क्रूर
दयालुता – निष्ठुरता, क्रूरता
दरिद्र – धनाढ्य, संपन्न

---

1. तेज

2. दाहिनी ओर मुड़ा हुआ

दरिद्रता – सम्पन्नता
दोलायमान – दृढ़
दरियादिल – कंजूस
दरियादिली – कंजूसी
दर्दमंद – बेदर्द
दर्शनीय – अदर्शनीय
दलित – अदलित
दाख़िल – ख़ारिज
दाग़ी – बेदाग़
दाता – भिक्षुक, याचक, सूम
दान – भीख
दानव – मानव, देव
दानवता – मानवता
दानी – कृपण, कंजूस
दायाँ – बायाँ
दास – स्वामी
दासी – स्वामिनी
दाहिना – बायाँ
दाह्य – अदाह्य
दिखना – छिपना
दिखाना – छिपाना
दिगंबर – वस्त्रधारी
दिन – रात
दिनांकित – अदिनांकित
दिलवाना – छिनवाना
दिलेर – कायर
द्वितीय – अद्वितीय
दिवस – रजनी
दिवा – रात्रि
दिवाकर – निशाकर
दिव्य – लौकिक
दीन – समृद्ध
दीर्घ – लघु, ह्रस्व
दीर्घकाय – लघुकाय, कृशकाय
दीर्घकालीन – अल्पकालीन
दीर्घजीवी – अल्पजीवी
दीर्घायु – अल्पायु
दुआ – बद्दुआ
दुःख – सुख
दुःखद – सुखद
दुःखदायक – सुखदायक
दुःखदायी – सुखदायी
दुःखमय – सुखमय
दुःखांत – सुखांत
दुःखान्वित – सुखान्वित
दुःखी – सुखी
दुःशील – सुशील
दुःसाहसी – साहसी
दुकेला – अकेला
दुतरफ़ा – एकतरफ़ा
दुराचरण – सदाचरण
दुराचार – सदाचार
दुराचारी – सदाचारी
दुराज – सुराज
दुराशय – सदाशय
दुरुस्त – ग़लत
दुरुपयोग – सदुपयोग
दुर्गन्ध – सुगंध

दुर्गन्धि – सुगन्धि
दुर्गंधित – सुगंधित
दुर्गति – सुगति
दुर्गम – सुगम
दुर्गुण – सद्गुण, सद्गति
दुर्जन – सज्जन
दुर्जनता – सज्जनता
दुर्दिन – सुदिन
दुर्बल – सबल
दुर्बलता – सबलता
दुर्बुद्धि – सुबुद्धि
दुर्बोध – सुबोध
दुर्भाग्य – सौभाग्य
दुर्भाव – सद्भाव, भाव
दुर्भावना – सद्भावना
दुर्भेद्य – भेद्य
दुर्मुख – सुमुख
दुर्नाम – सुनाम
दुर्निवार्य – निवार्य
दुर्नीति – सुनीति
दुर्लभ – सुलभ
दुर्योग – सुयोग
दुर्वृत्त – सद्वृत्त
दुर्व्यवहार – सद्व्यवहार
दुश्चरित्र – सच्चरित्र
दुष्कर – सुकर
दुष्कीर्ति – सुकीर्ति
दुष्कृति – सुकृति
दुष्कृत्य – सुकृत्य
दुष्कर्म – सत्कर्म
दुष्काल – सुकाल
दुष्ट – सज्जन
दुष्पच[1] – सुपच
दुष्परिणाम – सुपरिणाम
दुष्प्रकृति – सुप्रकृति
दुष्प्रवृत्ति – सत्प्रवृत्ति
दुष्प्रयोग – सदुपयोग, उपयोग
दुष्प्राप्य – प्राप्य
दुलार – फटकार
दुलारना – फटकारना
दुहाग[2] – सुहाग
दुहागिन – सुहागिन
दुर्हृद[3] – सुहृद
दूर – निकट, पास, नज़दीक
दूरगामी – तात्कालिक
दूरदर्शिता – अदूरदर्शिता
दूरदर्शी – अदूरदर्शी
दूरवर्ती – समीपवर्ती
दूरस्थ – निकटस्थ, समीपस्थ
दूरी – निकट, पास
दूषण – भूषण
दूषित – अदूषित, स्वच्छ, पवित्र

---

1. कठिनाई से पचने योग्य
2. वैधव्य
3. कुटिल, कपटी

दृढ़ – चंचल, दोलायमान
दृश्य – अदृश्य
दृष्ट – अदृष्ट
दृष्टार्थ[1] – अदृष्टार्थ
देखभाल – लापरवाही
देखा – अनदेखा
देन – लेन
देनदार – लेनदार
देना – लेना
देय – अदेय
देर – जल्दी
देरी – जल्दी
देव – दानव
देश – विदेश
देशभक्त – देशद्रोही
देशी – विदेशी
देहाती – शहरी
देही – अदेह, विदेह
दोलायमान – दृढ़
दैत्य – देव
दैन्य – वैभव, ऐश्वर्य
दैवी – आसुरी
दोष – गुण
दोषपूर्ण – दोषरहित
दोषी – निर्दोष
दोस्त – दुश्मन
दोस्त – दुश्मन
दोहरा – इकहरा
दौड़ना – टहलना
द्रव – ठोस
द्रुत – मंथर
द्युलोक[2] – भूलोक
द्वेष – राग
द्वेषी – अनुरागी
दैदीप्यमान – तिमिरांकित
द्वैत – अद्वैत
द्वैतवादी – अद्वैतवादी

(ध)

धँसना – उभरना
धँसा – उभरा
धँसान – उठान
धन – ऋण
धनपति – धनहीन
धनाढ्य – दरिद्र
धनात्मक – ऋणात्मक
धनहीन – धनपति
धनी – निर्धन
धन्य – धिक्कृत
धरती – आकाश
धरना – उठाना
धर्म – अधर्म
धर्मनिरपेक्ष – धर्मसापेक्ष
धर्मी – अधर्मी
धरा – गगन
धवल – श्यामल

1. जिसका अर्थ विषय स्पष्ट हो
2. स्वर्गलोक

धार्मिक – अधार्मिक
धीर – अधीर
धीरता – अधीरता
धीरज – उतावली
धीरे – जल्दी
धीरोदात्त – धीरोद्धता
धुँधला – साफ़, चमकदार
धूप – छाँव
धूमिल – स्पष्ट
धूर्तता – सज्जनता
धृष्ट – विनम्र, विनीत
धैर्य – अधैर्य
ध्वंस – निर्माण, सृजन

(न)

नई – पुरानी
नकद – उधार
नकल – असल
नकली – असली
नकारात्मक – सकारात्मक
नख – शिख
नगर – ग्राम
नज़दीक – दूर
नत – उन्नत
नतोदर – उन्नतोदर
नन्हा – बड़ा
नफ़रत – मुहब्बत
नफ़ा – नुकसान, घाटा
नभचर – थलचर
नम – ख़ुश्क
नमकहराम – नमकहलाल
नमकीन – मीठा
नम्य – अनम्य
नम्रता – कठोरता
नया – पुराना
नरक – स्वर्ग
नरपुंगव[1] – नराधम
नरलोक – परलोक
नराधम – नरपुंगव
नरम – सख़्त, कड़ा, कठोर
नरमी – सख़्ती
नवीन – प्राचीन
नवीनता – प्राचीनता
नश्वर – अनश्वर, शाश्वत
नसीबवर – बदनसीब
नसीबवाला – बदनसीब
नहीं – हाँ
नाउम्मीद – उम्मीद
नाक़ुबूल – क़ुबूल
नाक़ाबिल – क़ाबिल
नाकामयाब – कामयाब
नाकामयाबी – कामयाबी
नाख़ुश – ख़ुश
नाख़ुशगवार – ख़ुशगवार
नाख़ुशगवारी – ख़ुशगवारी

1. पुरुषश्रेष्ठ

नागर – ग्राम्य
नाजायज – जायज
नाटा – लंबा
नादान – समझदार
नापसंद – पसंद
नापाक[1] – पाक
नाबालिग – बालिग
नाफ़रमानी[2] – फ़रमानी
नामंजूर – मंजूर
नामंजूरी – मंजूरी
नामर्द – मर्द
नामवर[3] – बदनाम
नामाकूल[4] – माकूल
नामी – बदनामी
नामुनासिब – मुनासिब
नामुमकिन – मुमकिन
नामुराद[5] – मुराद
नामौज़ूदगी – मौज़ूदगी
नारकीय – स्वर्गीय
नाराज़ – खुश
नालायक – लायक
नावाकिफ़ – वाकिफ़
नाशवान – अविनाशी
नासमझ – समझदार
नास्तिक – आस्तिक
नास्तिकता – आस्तिकता
निंदक – प्रशंसक
निंदनीय – प्रशंसनीय
निंदा – प्रशंसा, स्तुति
निंदित – प्रशंसित
निंद्य – वंद्य, श्लाघ्य, अनिंद्य
निःशंक – सशंक
निःशुल्क – सशुल्क
निःशेष – शेष
निःश्वास – उच्छ्वास
निःसंकोच – संकोच
निःसंदेह – संदेह
निःसीम – ससीम
निःस्वार्थ – स्वार्थ
निकट – दूरी
निकटवर्ती – दूरवर्ती
निकटस्थ – दूरस्थ
निकलना – घुसना
निकृष्ट – उत्कृष्ट
निकृष्टम – सर्वोत्तम, सर्वश्रेष्ठ
निकालना – घुसाना
निगलना – उगलना
निगुरा[6] – सगुरा
निचला – ऊपरी
निजी – सार्वजनिक
निठल्ला – कामकाजी
निठुर – दयालु

---

1. अपवित्र
2. अवज्ञा
3. प्रसिद्ध
4. अनुचित
5. दुर्भाग्यशाली
6. जिसने गुरु से दीक्षा न ली हो, गुरु रहित

निठुरता – दयालुता
निडर – डरपोक
नित्य – अनित्य
निद्रा – जागरण
निपुण – अनिपुण
निमंत्रित – अनिमंत्रित
निमीलन – उन्मीलन
निमीलित – उन्मीलित
निम्न – उच्च
निम्नतम – उच्चतम
निम्नलिखित – उपरिलिखित
निम्नोक्त – उपरोक्त
नियंत्रण – अनियंत्रण
नियंत्रित – अनियंत्रित
नियत – अनियत
नियतात्मा – अनियतात्मा
नियमित – अनियमित
नियामक – अनियामक
नियुक्त – वियुक्त
निरत – विरत
निरक्षर – साक्षर
निरक्षरता – साक्षरता
निरपेक्ष – सापेक्ष
निरभिमानी – अभिमानी
निरर्थक – सार्थक
निरनुनासिक – सानुनासिक
निरवधि – सावधि
निरवलंब – अवलंब
निरस्त – स्वीकृत
निरस्त्रीकरण – शस्त्रीकरण
निरकांक्षी – आकांक्षी
निरहंकारी – अहंकारी
निराकार – साकार
निरादर – सादर
निरादृत – सादृत
निराधार – साधार
निरामिष – सामिष
निरायास – सायास
निरावृत्त – आवृत्त
निराश – आशावान
निराशा – आशा
निराशाजनक – आशाजनक
निराशावादी – आशावादी
निराश्रय – आश्रय
निराहारी – आहारी
निरुग्णता – रुग्णता
निरुत्साही – उत्साही
निरुद्देश्य – सोद्देश्य
निरुद्ध – अनिरुद्ध
निरुद्वेग – अनिरुद्वेग
निरुद्यम – उद्यम
निरुद्यमी – उद्यमी
निरुद्योग – उद्योग
निरुपयोगी – उपयोगी
निरुपाधि – सोपाधि
निरोगी – रोगी
निर्गत – आगत
निर्गम – आगम
निर्गुण – सगुण
निर्गुणी – गुणी

निर्जल – सजल
निर्जीव – सजीव
निर्णय – अनिर्णय
निर्णीत – अनिर्णीत
निर्दय – सदय, दयालू
निर्दिष्ट – अनिर्दिष्ट
निर्दोष – सदोष, दोषी
निर्धन – धनी
निर्धनता – धनाढ्यता
निर्धारित – अनिर्धारित
निर्बल – सबल, बलवान
निर्बाध – सबाध
निर्बुद्धि – बुद्धिमान
निर्भय – सभय
निर्भर – स्वावलंबी
निर्भ्रांत – भ्रांत
निर्भीक – भीरु, भयभीत, कायर, डरपोक
निर्मल – मलिन
निर्माण – विनाश, ध्वंस, विध्वंस
निर्मूल – समूल
निर्मोह – मोह
निर्यात – आयात
निर्लज्ज – सलज्ज, लज्जालु
निर्लोभी – लोभी
निर्वचनीय – अनिर्वचनीय
निर्वस्त्र – वस्त्रधारी

निवृत्ति – प्रवृत्ति
निर्वाच्य – अनिर्वाच्य
निर्विकार – सविकार
निर्विकारी – विकारी
निर्विवाद – विवादित
निश्चय – अनिश्चय
निश्चित – अनिश्चित
निश्चेष्ट – अनिश्चेष्ट
निश्छल – छली
निश्शेष – अवशेष
निषिद्ध – विहित
निषेध – स्वीकृति
निष्करुण – करुणामय
निष्कपट – कपटी
निष्कलंक – कलंकित, सकलंक
निष्काम – सकाम
निष्प्राण – सप्राण
निष्क्रिय – सक्रिय, क्रियाशील
निष्ठा – अनिष्ठा
निष्ठुर – दयालु, सदय
निष्ठुरता – दयालुता
निष्पक्ष – पक्षपाती
निष्पाप – पापी
निष्प्रभावी – प्रभावी
निष्प्रभुता – प्रभुता
निस्तीर्ण[1] – अनिस्तीर्ण
निस्तेज – सतेज

1. जिसका उद्धार हो चुका हो, मुक्त

निस्पंद – स्पंदित
निस्स्नेह – सस्नेह
निस्सार – सारयुक्त
निस्सीम – ससीम, परिमित
निहत्था – हथियारबंद
नीच – ऊँच
नीचा – ऊँचा
नीचे – ऊपर
नीति – अनीति
नीरस – सरस
नीरसता – सरसता
नीरुज[1] – रुग्ण
नुक़ीला – सपाट
नुक़सान – फ़ायदा
नूतन – पुरातन
नृशंसता – मानवता
नेक – बद
नेकनाम – बदनाम
नेकनामी – बदनामी
नेकनीयत – बदनीयत
नेकी – बदी
नैतिक – अनैतिक
नैसर्गिक – अनैसर्गिक, कृत्रिम
न्याय – अन्याय
न्यायपूर्ण – अन्यायपूर्ण
न्यायसंगत – अन्यायपूर्ण
न्यायी – अन्यायी
न्यून – अधिक
न्यूनतम – अधिकतम

(प)

पंडित – मूर्ख
पकड़ – छूट
पकड़ना – छोड़ना
पकड़वाना – छुड़वाना
पका – अधपका, कच्चा
पक्का – कच्चा
पक्की – कच्ची
पक्व – अपक्व
पक्ष – विपक्ष, प्रतिपक्ष
पक्षधर – विपक्षी
पक्षपात – तटस्थता, निष्पक्षता
पक्षपाती – तटस्थ, निष्पक्ष
पक्षीय – विपक्षीय, प्रतिपक्षीय
पचित – अपचित
पट – चित
पटकना – उठाना
पटु – अपटु
पठित – अपठित
पढ़ा – लिखा–अनपढ़
पतन – उत्थान
पतनोन्मुख – विकासोन्मुख

1. निरोग

पतला – गाढ़ा, मोटा
पतित – पुनीत
पतिव्रता – कुलटा
पथ्य – अपथ्य
पदपाठ[1] – संहितापाठ
पदस्थ – अपदस्थ, पदच्युत
पद्य – गद्य
पद्यांश – गद्यांश
परकीय – स्वकीय
परजातीय – स्वजातीय
परजीवी – आत्मनिर्भर
परतंत्र – स्वतंत्र
परतंत्रता – स्वतंत्रता
परदानशीन – बेपरदा
परदेश – स्वदेश
परधर्म – स्वधर्म
परमात्मा – आत्मा
परमार्थ – स्वार्थ
परमार्थी – स्वार्थी
परला – उरला
परलोक – लोक, इहलोक
परवर्ती – पूर्ववर्ती
पराङ्मुख – अभिमुख
पराक्रम – कायरता
पराजय – जय, विजय
पराजेय – अपराजेय

पराधीन – स्वाधीन
पराधीनता – स्वाधीनता
पराजित – अपराजित
परायत्त[2] – स्वायत्त
पराया – अपना
परायापन – अपनापन
परार्थ – स्वार्थ
परावलंबी – स्वावलंबी
पराश्रित – विजयी
परास्त – विजयी
परिग्रही – अपरिग्रही
परिचित – अपरिचित, अनजाना, अजनबी
परिच्छिन्न – अपरिच्छिन्न
परिणत – अपरिणत
परिणीत – अपरिणीत
परित्याग – ग्रहण
परिपक्व – अपरिपक्व
परिपुष्ट – अपरिपुष्ट
परिपूर्ण – रिक्त
परिभाष्य – अपरिभाष्य
परिमार्जित – अपरिमार्जित
परिमित – अपरिमित
परिवर्तनीय – अपरिवर्तनीय
परिवर्तित – अपरिवर्तित
परिश्रम – विश्राम

1. वेदमंत्रों का वह क्रम जिसमें मंत्रों के सभी पदों को विभक्त करके अलग–अलग रखा जाता है।
2. पराधीन, परतंत्र

परिश्रमी – आलसी, कामचोर
परिष्कृत – अपरिष्कृत
परिसीमित – अपरिसीमित
परिहार्य – अपरिहार्य
परीक्षित – अपरीक्षित
परुष – अपरुष, कोमल
परोक्ष – अपरोक्ष, प्रत्यक्ष
पर्णकुटी – प्रासाद
पर्याप्त – अपर्याप्त, यत्किंचित्
पर्याय – विपर्याय, विलोम
पलटना – उलटना
पलटा – उलटा
पवित्र – अपवित्र, दूषित
पशुता – मनुष्यता
पशुत्व – मनुष्यत्व
पश्च – अग्र
पश्चगमन – अग्रगमन
पश्चगामी – अग्रगामी
पश्चलिखित – अग्रलिखित
पश्चज्ञान – पूर्वज्ञान
पश्चदर्शन[1] – पूर्वदर्शन
पश्चानुबंधन[2] – अग्रानुबंधन
पश्चात् – पुरस्तात्
पसंद – नापसंद
पहला – आख़िरी
पहले – पीछे, बाद में
पहुँचाना – लाना
पायँताना – सिरहाना
पाँव – सिर
पाक – नापाक
पाच्य – अपाच्य
पाठ्य – अपाठ्य
पाताल – आकाश
पातालचारी – आकाशचारी
पाना – खोना
पाप – पुण्य
पापचेता[3] – पापमुक्त
पापी – निष्पाप, पुण्यवान, पुण्यशील, पुण्यात्मा, धर्मी
पारदर्शक – अपारदर्शक
पारदर्शी – अपारदर्शी
पार्थिव – अपार्थिव
पारलौकिक – इहलौकिक
पालक – शोषक, पीड़क
पालतू – जंगली
पालित – शोषित
पाश्चात्य – पौर्वात्य, पौरस्त्य, पूर्वी, पूर्वीय
पास – दूर
पिघलना – जमना
पिघलाना – जमाना
पिचकना – फूलना

---

1. मुड़कर पीछे की ओर देखना
2. बाद में संबंध स्थापन
3. बुरे विचार या भाव रखने वाला, दुष्ट हृदय

पिछला – अगला
पिछवाड़ा – अगवाड़ा
पिछाड़ी – अगाड़ी
पितृतंत्र – मातृतंत्र
पीछा – आगा
पीछे – आगे
पुचकारना – धिक्कारना, डपटना
पुण्य – पाप
पुण्यात्मा – पापात्मा
पुरस्कार – दंड
पुरस्कृत – दंडित
पुराना – नया
पुरानी – नयी
पुरोगामी – पश्चाद्गामी
पुरावर्ती – पश्चाद्वर्ती
पुरातन – नवीन
पुष्ट – अपुष्ट
पुष्टि – अपुष्टि
पूत – कपूत
पुरस्कार – तिरस्कार, दंड
पूरणीय – अपूरणीय
पूरा – आधा, अधूरा
पूरित – अपूरित
पूर्ण – अपूर्ण, रिक्त
पूर्णता – अपूर्णता, शून्य
पूर्णतः – अपूर्णतः
पूर्णतया – आंशिक
पूर्णकालिक – अंशकालिक, अपूर्णकालिक

पूर्णमासी – अमावस्या
पूर्णावतार – अंशावतार
पूर्ति – माँग
पृथ्वी – आकाश
पूर्व – उत्तर, पश्चिम, अपर, पश्चात्
पूर्वतन – अद्यतन
पूर्ववर्ती – उत्तरवर्ती, परवर्ती
पूर्वार्द्ध – उत्तरार्द्ध
पूर्वाह्न – अपराह्न
पृथक् – संयुक्त
पृथकता – संगम, संयुक्तता
पृथकत्व – योगत्व
पृथक्करणीय – अपृथक्करणीय
पृथुल[1] – सूक्ष्म
पेय – अपेय
पैना – भोथरा
पोला – ठोस
पोषित – अपोषित
पौरुषेय – अपौरुषेय
पौर्वात्य – पाश्चात्य
प्रकट – अप्रकट, गुप्त, प्रच्छन्न
प्रकाश – अंधकार
प्रकाशन – गोपन
प्रकाशित – अप्रकाशित
प्रकीर्तन[2] – निंदा
प्रकृत – अप्रकृत, कृत्रिम

1. स्थूल, बड़ा
2. यशगान, प्रशंसा

प्रकृतिस्थ — अप्रकृतिस्थ
प्रखर — मंद
प्रख्यात — कुख्यात
प्रगति — अवगति, अधोगति
प्रगतिवादी — रूढ़िवादी
प्रगतिशील — अप्रगतिशील, दकियानूस, रूढ़िवादी
प्रगल्भ — अप्रगल्भ, शालीन
प्रचलित — अप्रचलित
प्रचारित — अप्रचारित
प्रचुर — विरल, अप्रचुर, अल्प, ईषत्
प्रच्छन्न — प्रकट, प्रत्यक्ष, अप्रच्छन्न
प्रज्ञ — अज्ञ
प्रतिकारक — उपकारक
प्रतिकारी — उपकारी
प्रतिघात — घात
प्रतिक्रिया — अनुक्रिया
प्रतिकूल — अनुकूल
प्रतिकूलता — अनुकूलता
प्रतिपन्न — अप्रतिपन्न
प्रतिपवन[1] — अभिपवन
प्रतिबद्ध — अप्रतिबद्ध
प्रतिमुख — अभिमुख
प्रतिरोध — अनुरोध
प्रतिषिद्ध — अनुमन्य
प्रतिम — अप्रतिम
प्रतिरक्षा — आक्रमण
प्रतिलोम — अनुलोम
प्रतियोगी — सहयोगी
प्रतिवाद — वाद, समर्थन
प्रतिवादी — वादी
प्रतिष्ठा — अप्रतिष्ठा
प्रतिष्ठित — अप्रतिष्ठित
प्रतिहार्य[2] — अप्रतिहार्य
प्रतीक्षित — अप्रतीक्षित
प्रतीच्य — उदीच्य
प्रत्यक्ष — अप्रत्यक्ष, परोक्ष, प्रच्छन्न
प्रत्यय — उपसर्ग
प्रत्याशित — अप्रत्याशित
प्रथम — अंतिम
प्रथमार्ध — उत्तरार्ध
प्रदत्त — आदत्त
प्रदान — आदान
प्रधान — गौण
प्रफुल्ल — म्लान, उदास
प्रफुल्लता — म्लानता, उदासी
प्रबंध — मुक्तक
प्रभा — निष्प्रभ
प्रभावित — अप्रभावित
प्रभावी — अप्रभावी, निष्प्रभावी, प्रभावशून्य

---

1. वायु चलने की विपरीत दिशा वाला 2. जिसका प्रतिरोध किया जाना है

प्रभु – सेवक, भृत्य, दास
प्रमाणित – अप्रमाणित
प्रमुख – गौण, आनुषंगिक, अमुख्य
प्रयुक्त – अप्रयुक्त
प्रयोग – अप्रयोग
प्रलय – सृष्टि
प्रवर – अवर
प्रवृत्त – निवृत्त, अप्रवृत्त
प्रवृत्ति – निवृत्ति
प्रवेश – निकास
प्रशंसक – निंदक
प्रशंसनीय – निंदनीय, अप्रशंसनीय
प्रशंसा – निंदा, भर्त्सना
प्रशंसित – निंदित, कुत्सित
प्रशस्त – अप्रशस्त
प्रशांत – उद्भ्रांत
प्रशिक्षित – अप्रशिक्षित
प्रश्न – उत्तर
प्रसंग – अप्रसंग
प्रसन्न – अप्रसन्न, अवसन्न, खिन्न
प्रसन्नता – अप्रसन्नता, खेद
प्रसाद – अवसाद, विषाद
प्रसार – संकोच
प्रसारण – संकोचन
प्रसिद्ध – अप्रसिद्ध
प्रस्तुत – अप्रस्तुत
प्रस्थान – आगमन
प्रस्मृत[1] – स्मृत
प्राकृत – अप्राकृत
प्राकृतिक – अप्राकृतिक, कृत्रिम
प्राची – प्रतीची
प्राचीन – अर्वाचीन, नवीन, आधुनिक
प्राचीनता – नवीनता
प्राचुर्य – अभाव
प्राच्य – पाश्चात्य
प्राणमय – प्राणहीन
प्रातः – सायं, संध्या
प्रातःकाल – सायंकाल
प्राधिकृत – अप्राधिकृत
प्राप्त – अप्राप्त
प्राप्य – अप्राप्य, दुष्प्राप्य
प्रामाणिक – अप्रामाणिक
प्रामाण्य[2] – अप्रामाण्य
प्रायः – बहुधा, सदैव
प्रारम्भ – अंत
प्रारम्भिक – अन्तिम, अंत्य

---

1. भूला हुआ
2. प्रमाण का भाव

प्रासंगिक – अप्रासंगिक, बेतुका
प्रासाद – उटज
प्रिय – अप्रिय
प्रियोक्ति[1] – कटूक्ति
प्रीति – द्वेष
प्रेम – घृणा, वैर
प्रेमभाव – दुर्भाव
प्रेय[2] – अप्रेय
प्रेरित – अप्रेरित
प्रेषक – प्रापक, प्रेषिती
प्रोत्साहित – निरुत्साहित, हतोत्साहित
प्रौढ़ – अप्रौढ़
प्रौढ़ता – अप्रौढ़ता

(फ)

फँसना – निकलना
फँसाना – छुड़ाना
फटना – जुड़ना
फटकार – दुलार
फटकारना – दुलारना
फ़न[3] – ऐब
फ़रोख़्त[4] – ख़रीद
फ़र्ज – हक़
फ़र्मान[5] – नाफ़र्मानी
फलदार – फलहीन
फलाहारी – अनाजी
फलवान – निष्फल
फलित – अफलित
फ़ानी[6] – ग़ैरफ़ानी
फ़ायदा – नुक़्सान
फ़ालतू – ज़रूरी
फ़िक्र – बेफ़िक्र
फीका – मीठा
फुटकर – थोक
फुलाना – पिचकाना
फूट – एकता, मेल
फूल – काँटा
फूलना – पिचकना
फूहड़ – सुघड़
फैलना – सिकुड़ना
फैलाव – संकुचन
फोक[7] – सार

(ब)

बंजर – उर्वर
बंद – खुला
बंधन – मुक्ति, मोक्ष
बंधु – वैरी
बचकाना – बुज़ुर्गाना
बचत – ख़र्च

---

1. प्रिय वचन, चापलूसीपूर्ण कथन
2. विशेष प्रिय
3. गुण
4. ब्रिकी
5. आदेश, हुक्म
6. नश्वर
7. किसी वस्तु का सारहीन अंश

बच्चा – बूढ़ा
बड़प्पन – ओछापन
बड़बड़िया – गुमसुम
बड़ा – छोटा
बढ़त – घटत
बढ़ना – घटना
बढ़ाना – घटाना
बढ़ाव – घटाव
बढ़िया – घटिया
बताना – पूछना
बदक़िस्मत – खुशक़िस्मत
बदतमीज़ – तमीज़दार
बदतमीज़ी – तमीज़
बददुआ – दुआ
बदनसीब – ख़ुशनसीब
बदनसीबी – ख़ुशनसीबी
बदनाम – नेकनाम
बदनामी – नेकनामी
बदनीयत – नेकनीयत
बदनीयती – नेकनीयती
बदबू – ख़ुशबू
बदबूदार – ख़ुशबूदार
बदमिज़ाज – खुशमिज़ाज
बदसूरत – ख़ूबसूरत
बदी – नेकी
बद्ध – अबद्ध, मुक्त
बद्धाक्षर[1] – मुक्ताक्षर

बध्य – अबध्य
बनना – मिटना, बिगड़ना, टूटना
बरबाद – आबाद
बर्खास्त – बरकरार
बर्बर – सभ्य
बलवान – निर्बल, दुर्बल, बलहीन
बलशाली – बलहीन
बलिष्ठ – शक्तिहीन, निर्बल, दुर्बल
बसना – उजड़ना
बसाना – उजाड़ना
बहादुर – बुजदिल
बहाल – रद्द
बहिरंग – अंतरंग
बहिर्गत[2] – अन्तर्गत
बहिर्जगत् – अंतर्जगत्
बहिर्द्वंद्व – अंतर्द्वंद्व
बहिर्भूत[3] – अंतर्भूत
बहिर्मुख – अंतर्मुख
बहिर्मुखी – अंतर्मुखी
बहिर्विवाह – अन्तर्विवाह
बहिष्कार – अंगीकार, स्वीकार
बहुआक्षरिक[4] – एकआक्षरिक

---

1. वह अक्षर जिसकी अंतिम ध्वनि व्यंजन हो
2. बाहर गया हुआ, बाहर का
3. जो बाहर घटित हुआ हो
4. एक से अधिक अक्षरों वाला शब्द या पद

बहुकेन्द्रिक – एककेन्द्रिक
बहुतंत्र – एकतंत्र
बहुत – कम, थोड़ा
बहुतायत – कमी
बहुदेववाद – एकेश्वरवाद
बहुधा – यदकदा
बहुनिष्ठ – एकनिष्ठ
बहुपक्षीय – एकपक्षीय
बहुमत – अल्पमत
बहुमुख – एकमुख
बहुवचन – एकवचन
बहुश्रुत – अल्पश्रुत
बहुसंख्यक – अल्पसंख्यक
बाँधना – खोलना
बाक़ायदा – बेक़ायदा
बाढ़ – सूखा
बातूनी – गुमसुम
बाधक – अबाधक, साधक
बाधित – अबाधित
बाध्य – अबाध्य
बाना[1] – ताना
बायाँ – दायाँ, दाहिना
बार–बार – कभी–कभी
बारीक – मोटा
बाल – वृद्ध
बालिग – नाबालिग
बावफ़ा[2] – बेवफ़ा

बाहर – भीतर, अंदर
बाहरी – भीतरी
बाह्य – आभ्यंतर, आंतरिक
बिक्री – ख़रीद
बिखेरना – समेटना
बिगड़ना – सँवरना, बनना
बिगाड़ना – सँवारना
बिछुड़ा – मिला
बिछोह – मिलन
बिदाई – अगवानी
बीजू[3] – कलमी
बीमार – तंदरुस्त
बुज़दिल – बहादुर
बुझना – जलना
बुझाना – जलाना
बुढ़ापा – जवानी
बुद्धिजीवी – श्रमजीवी
बुद्धिमत्ता – मूर्खता
बुद्धिमत्तापूर्ण – मूर्खतापूर्ण
बुद्धिमान – बुद्धिहीन, मूर्ख
बुद्धू – चतुर
बुनना – उधेड़ना
बुभुक्षा – तृप्ति
बुरा – भला, अच्छा
बुराई – भलाई, अच्छाई
बुरी – भली, अच्छी
बृहत् – लघु

---

1. बुनने की क्रिया
2. स्वामीभक्त, निष्ठावान
3. बीज बोने से उगा हुआ

बेअंदाज़ – अंदाज़
बेअक़्ल – अक़्लमंद
बेअदब – अदब
बेअमल – अमल
बेआराम – आराम
बेइज़्ज़त – इज़्ज़तदार
बेइंसाफ़ी – इंसाफ़
बेईमान – ईमानदार
बेईमानी – ईमानदारी
बेउसूल – उसूली
बेक़सूर – क़सूरवार
बेकार – कारगर
बेग़ैरत – ग़ैरतमंद
बेगाना – अपना
बेचना – खरीदना
बेजान – जानदार
बेडौल – सुडौल
बेदम – दमदार
बेपरदा – परदानशीन
बेमेल – मेल, संगत
बेरहम – रहमदिल
बेवकूफ़ – अक़्लमंद
बेशर्म – शर्मदार
बेसमझ – समझदार
बेसहारा – आश्रित
बैठाना – उठाना
बोझिल – हलका
बोधगम्य – अबोधगम्य, दुरूह, गूढ़
बोध्य – अबोध्य
बौना – लम्बा
ब्याहा – अनब्याहा, कुँआरा

(भ)

भंग – अभंग
भंगुर[1] – अभंगुर, अमर, अनश्वर
भंजक[2] – योजक
भंजनीय – अभंजनीय
भक्त – अभक्त
भक्षक – रक्षक
भक्ष्य – अभक्ष्य
भग्न – अभग्न, साबुत
भड़कीला – सादा
भद्दा – सुंदर
भद्र – अभद्र
भद्रता – अभद्रता
भयंकर – मनोहर
भयंकरता – मनोहरता
भय – निर्भय, अभय
भयप्रद – आनंदप्रद
भयभीत – अभय, निर्भीक, निर्भय, निडर
भयाक्रांत – भयशून्य
भरना – उँडेलना
भरमार – कमी

---

1. भंग होने वाला
2. भंग करने वाला

भरा – खाली
भराव – कटाव
भर्त्सना – प्रशंसा
भला – बुरा
भलाई – बुराई
भविष्य – अतीत
भव्य – सामान्य, साधारण
भागफल – गुणनफल
भाग्य – दुर्भाग्य
भाग्यवान् – भाग्यहीन
भाग्यशाली – हतभाग्य
भाटा – ज्वार
भारी – हलका
भारीपन – हल्कापन
भारी–भरकम – हल्का–फुल्का
भाव[1] – अभाव
भावन – अभावन
भावनीय – अभावनीय
भावप्रवण – भावहीन
भावात्मक – अभावात्मक
भावी – विगत, भूत
भिक्षुक – दाता
भिन्न – अभिन्न
भिन्नता – समानता
भिन्नहृदय – अभिन्नहृदय
भिन्नोदर[2] – सहोदर
भीख – दान
भीतर – बाहर
भीतरी – बाहरी
भीषण – सौम्य
भीरु – वीर
भीरुता – वीरता
भुगतान – वसूली
भूखा – तृप्त
भूगोल – खगोल
भूत – भविष्य
भूतपूर्व – अभूतपूर्व
भूमिउच्च[3] – भूमिनीच
भूरि – स्वल्प
भूलोक – आकाशलोक, द्युलोक
भृत्य – प्रभु
भूषण – दूषण
भेद – अभेद
भेददर्शी[4] – अभेददर्शी
भेददृष्टि – अभेददृष्टि
भेदनीय – अभेदनीय
भेद्य – अभेद्य, दुर्भेद्य
भोंदू – होशियार
भोंड़ा – सुंदर
भोगी – योगी

---

1. अस्तित्व
2. सौतेला
3. नक्षत्र या कृत्रिम उपग्रह आदि का वह बिंदु जो पृथ्वी से अधिकतम दूरी पर हो
4. जीवात्मा और संसार को ब्रह्म से भिन्न मानने वाला, द्वैतवादी

भोग्य – अभोग्य
भोज्य – अभोज्य
भोर – साँझ
भोला – चालाक
भौतिक – अभौतिक, आध्यात्मिक
भ्रांत – निर्भ्रांत
भ्रांति – निर्भ्रांतता
भ्रम – निश्चय
भ्रमात्मक – निश्चयात्मक

(म)

मंगल – अमंगल
मंजुल – कुरूप
मंगलकारक – अमंगलकारक
मंगलकारी – अमंगलकारी
मंजूर – नामंजूर
मंजूरी – नामंजूरी
मंडन[1] – खंडन
मंडनीय – खंडनीय
मंद – तीव्र, द्रुत
मंदा – महँगा
मंदी – तेजी
मंथर – द्रुत
मक्खीचूस – शाहदिल
मज़बूत – कमज़ोर
मज़बूती – कमज़ोरी
मज़ेदार – बेमज़ा
मतभेद – मतैक्य
मतैक्य – मतभेद
मद – विमद
मधुर – कटु, कर्कश, तीक्ष्ण
मनगढ़ंत – यथार्थ
मनसा – कर्मणा
मनुज – दनुज
मनुष्य – पशु
मनुष्यता – पशुता, बर्बरता
मनुष्यत्व – पशुत्व
मनोहर – भयंकर
मनोहरता – भयंकरता
ममता – निर्ममता, निष्ठुरता
मरण – जीवन
मरना – जीना
मर्त्य – अमर्त्य
मर्त्यलोक – अमर्त्यलोक, स्वर्गलोक
मर्द – नामर्द
मर्दाना – जनाना
मर्यादित – अमर्यादित
मल – विमल
मलिन – स्वच्छ, निर्मल
मसृण[2] – रुक्ष
महँगी – सस्ती

---

1. तर्क से किसी सिद्धांत की पुष्टि करना, शृंगार करना
2. स्निग्ध, कोमल

महत् – लघु, क्षुद्र
महत्ता – लघुता
महत्त्वपूर्ण – महत्त्वहीन
महल – झोपड़ी
महा – अल्प
महात्मा – दुरात्मा
महाप्राण – अल्पप्राण
महान् – तुच्छ, क्षुद्र
महायोगी – महाभोगी
महीन – मोटा
माँग – पूर्ति
मांगलिक – अमांगलिक
मांसाहारी – शाकाहारी
माकूल[1] – नामाकूल
मातृक – पितृक
मादक – अमादक
मादा – नर
मान – अपमान
मानक – अमानक
माननीय – निंदनीय
मानव – दानव
मानवता – दानवता, नृशंसता
मानवीय – अमानवीय
मानसिक – शारीरिक
मानी[2] – अमानी
मानुषिक – अमानुषिक
मानुषीय – अमानुषीय
मान्य – अमान्य
माफ़ी – सज़ा
मायूस – ग़ैर मायूस
मार्जित[3] – अमार्जित
मालदार – कंगाल
मालिक – नौकर
मिठाई – नमकीन
मितव्यय – अपव्यय
मितव्ययिता – अमितव्ययिता
मितव्ययी – अमितव्ययी
मित्र – शत्रु
मित्रता – शत्रुता
मित्रत्व – शत्रुत्व
मिथ्या – सत्य
मिथ्यादर्शन[4] – सम्यग्दर्शन
मिथ्यादृष्टि – सम्यग्दृष्टि
मिथ्यावादी – सत्यवादी
मिलन – बिछोह, विच्छेद, विरह, वियोग
मिलना – बिछुड़ना
मिलाना – अलगाना
मिलाप – जुदाई
मिश्रित – अमिश्रित
मिष्टभाषी – कटुभाषी
मीठा – कड़वा, खट्टा, नमकीन
मीलित[5] – उन्मीलित

1. उचित
2. घमण्डी
3. शुद्ध किया हुआ
4. जीव आदि पदार्थों के विषय में यथार्थ के विपरीत ज्ञान
5. मूँदा हुआ या अधखुला

मुआफ़िक[1] – नामुआफ़िक
मुकम्मल[2] – नामुकम्मल
मुक्त – बद्ध
मुक्तक – प्रबंध
मुख – प्रतिमुख, पृष्ठ
मुखर – शांत
मुख्य – गौण
मुग्ध – अमुग्ध
मुदित – खिन्न
मुद्रासंकुचन – मुद्रास्फीति
मुनाफ़ा – नफ़ा, घाटा, नुक़्सान
मुनासिब – नामुनासिब
मुबारक – नामुबारक
मुमूर्षा[3] – जिजीविषा
मुम्किन – नामुम्किन
मुरझाना – खिलना
मुरझाया – खिला
मुर्दाबाद – ज़िन्दाबाद
मुराद – नामुराद
मुलायम – कठोर, कड़ा, सख़्त
मुल्क – ग़ैर मुल्क
मुश्किल – आसान
मुहर्रम – ईद
मुस्कराना – झुंझलाना
मुहब्बत – नफ़रत
मुसीबत – आराम

मूक – वाचाल,मुखर
मूर्ख – बुद्धिमान
मूर्खता – बुद्धिमत्ता
मुर्खतापूर्ण – बुद्धिमत्तापूर्ण
मूर्च्छा – चेतना
मूर्छित – सचेत, सजग
मूढ़ – ज्ञानी
मूर्त – अमूर्त
मूल – अनुकृति
मूल्यवान – मूल्यहीन
मृत – जीवित
मृत्यु – जन्म
मृत्युजंय – मर्त्य
मृदु – कठोर, कर्कश
मृदुभाषी – कटुभाषी
मृदुल – कठोर
मेधावी – मूर्ख
मेल -- बेमेल
मैत्री – अमैत्री
मैला – साफ
मोक्ष – बंधन
मोघ[4] – अमोघ
मोचन – ग्रहण
मोटा – पतला, बारीक़, महीन
मोह – निर्मोह, वैराग्य
मोहित – अमोहित
मौक़ा – बेमौक़ा

1. अनुकूल
2. सम्पूर्ण
3. मरने की इच्छा
4. व्यर्थ, निष्फल

मौखिक – लिखित
मौजूदगी – नामौजूदगी
मौन – वाचाल, मुखर
मौलिक – अनूदित
म्रियमाण[1] – अम्रियमाण
म्लान – अम्लान, प्रफुल्ल
म्लानता – प्रफुल्लता

(य)

यजनीय[2] – अयजनीय
यति – गृहस्थ
यतेन्द्रिय[3] – अयतेन्द्रिय
यत्किंचित् – पर्याप्त
यथा – तथा
यथापूर्व – अयथापूर्व
यथार्थ – अयथार्थ, मनगढ़ंत, कल्पित
यथार्थानुभव – अयथार्थानुभव
यथार्थवादी – अयथार्थवादी
यथास्थित – अयथास्थित
यथेष्ट – अयथेष्ट, कम
यथोचित – अयथोचित
यदाकदा – सर्वदा, बहुधा
यश – अपयश
यशस्वी – अयशस्वी, कलंकित
यह – वह
यही – वही
यहाँ – वहाँ
याचक – दाता
याचित – अयाचित
युक्त – अयुक्त,विहीन
युक्ति – अयुक्ति
युक्तियुक्त – युक्तिरहित, युक्तिहीन
युगपत्[4] – क्रमशः
युद्ध – शांति,संधि
युयुत्सा[5] – मैत्री
युवा – वृद्ध
ये – वे
योग – वियोग, अयोग
योगत्व – पृथकत्व
योगात्मक – अयोगात्मक
योगी – भोगी
योग्य – अयोग्य
योग्यता – अयोग्यता
यौगिक – अयौगिक
यौवन – वार्धक्य, बुढ़ापा

---

1. मृतप्राय
2. पूज्य
3. जिसने अपनी इन्द्रियों को संयमित कर लिया हो
4. एक ही समय में साथ–साथ
5. युद्ध करने की इच्छा, शत्रुता

(र)

रंक – राजा
रंगीन – बेरंग
रक्षक – भक्षक
रक्षणीय – अरक्षणीय
रक्षा – विनाश
रक्षित – अरक्षित
रखना – हटाना
रखवाना – हटवाना
रचना – विनाश, ध्वंस
रचनात्मक – विनाशात्मक
रचित – अरचित
रजनी – दिवस
रति – विरति
रथी[1] – विरथ
रद्द – बहाल
रबी – ख़रीफ़
रसदार – सूखा
रसहीन – रसीला
रसिक – अरसिक
रसीला – रसहीन, नीरस
रहमदिल – बेरहम
राग – विराग, द्वेष
रागी – विरागी
राजतंत्र – जनतंत्र, गणतंत्र
राजभक्त – राजद्रोही
राष्ट्रभक्त – राष्ट्रद्रोही
राष्ट्रीय – अन्तर्राष्ट्रीय
राजा – प्रजा, रंक
रात – दिन
राहित्य[2] – साहित्य
रात्रि – दिवस, दिवा
रिक्त – पूर्ण, भरा
रिश्वतखोर – ईमानदार
रिहा – गिरफ़्तार
रुक्ष[3] – मृदु, स्निग्ध
रुग्ण – स्वस्थ, नीरुज
रुचि – अरुचि
रुचिकर – अरुचिकर
रुदन – हास्य
रुलाई – हँसी
रुलाना – हँसाना
रूढ़िबद्ध – रूढ़िमुक्त
रुढ़िवादी – प्रगतिवादी
रूपवान – कुरूप
रेशम – टाट
रोगी – निरोगी, स्वस्थ
रोचक – अरोचक, उबाऊ
रोना – हँसना
रोपण – अवरोपण, उन्मूलन
रोष – प्रसन्नता
रौद्र – अरौद्र

---

1. रथ पर चलने वाला
2. रहित होने का भाव, खालीपन
3. रूखा, जो स्निग्ध न हो

(ल)

लंघनीय – अलंघनीय
लंपट[3] – संयमी
लंबा – ठिगना,नाटा
लंबाई – चौड़ाई
लक्षित – अलक्षित
लगातार – रुक–रुककर
लगाना – अलगाना, छुड़ाना
लघिमा – गरिमा
लघु – दीर्घ, गुरु, बृहत्
लघुकाय – दीर्घकाय, विशालकाय
लघुता – गुरुता
लचर – चुस्त
लचीला – कठोर, कड़ा
लज्जालु – निर्लज्ज
लज्जावान – लज्जाहीन
लदवाना – उतरवाना
लपकना – छोड़ना
लब्ध – प्रदत्त
लभ्य – अलभ्य
लाघव – गौरव
लाघवकारी – गौरवशाली
लादना – उतारना
लाना – पहुँचाना
लापरवाह – सावधान
लापरवाही – सावधानी
लाभ – हानि, क्षति
लाभदायक – हानिकारक
लाभप्रद – हानिप्रद
लायक – नालायक
लालन – ताड़न
लालसा – विरक्ति
लिखित – मौखिक
लिप्त – अलिप्त, निर्लिप्त
लुप्त – व्यक्त
लुभावना – घिनौना
लेन – देन
लेनदार – देनदार
लेना – देना
लोक – परलोक
लोकधर्मी[2] – नाट्यधर्मी
लोकप्रिय – अलोकप्रिय
लोभ – त्याग
लोभी – निर्लोभी
लोलुप – संतुष्ट
लोहित – अलोहित
लौकिक – अलौकिक, पारलौकिक

---

1. व्यभिचारी

2. स्वाभाविकता को प्रधानता देने वाला एवं कृत्रित उपकरणों का बहुत कम प्रयोग करने वाला

(व)

वंद्य – निंद्य
वक्ता – श्रोता
वक्र – सरल, ऋजु
वक्रगति – मार्गगति
वक्रता – ऋजुता, सरलता
वचनबद्ध – वचनमुक्त
वध्य[1] – अवध्य
वन – नगर
वनरोपण – वनोन्मूलन
वनस्थल – मरुस्थल
वन्य – घरेलू
वफ़ादार – बेवफ़ा
वयस्यक – अवयस्क
वर – शाप
वरदान – अभिशाप
वरिष्ठ – कनिष्ठ
वर्णनीय – अवर्णनीय
वर्ण्य – अवर्ण्य
वर्तमान – अतीत
वर्धमान – क्षीयमान
वसंत – पतझर
वसूलना – भुगताना
वस्तुनिष्ठ – व्यक्तिनिष्ठ
वस्त्रधारी – वस्त्रहीन, निर्वस्त्र, दिगंबर
वह – यह
वहाँ – यहाँ
वही – यही
वांछनीय – अवांछनीय
वांछित – अवांछित
वाक़िफ़ – नावाक़िफ़
वाचाल – मूक
वाच्य[2] – अवाच्य
वाजिब – ग़ैरवाजिब
वाद – प्रतिवाद
वादी – प्रतिवादी
वाम – दक्षिण
वामावर्त[3] – दक्षिणावर्त
वार्धक्य – यौवन
वास्तविक – अवास्तविक
विकर्षक – आकर्षक
विकर्षण – आकर्षण
विकल – अविकल
विकल्प – अनिवार्य
विकसित – अविकसित
विक्रय – क्रय
विक्रेता – क्रेता
विकारी – अविकारी, निर्विकारी
विकास – ह्रास, विनाश
विकासमान – ह्रासमान
विकासोन्मुख – पतनोन्मुख
विकीर्ण – अविकीर्ण
विकृत – अविकृत
विक्रम[4] – संक्रम
विकेन्द्रीकरण – केन्द्रीकरण

---

1. जिसका वध किया जाना उचित हो
2. कहने योग्य
3. बायीं ओर को घूमा हुआ
4. विपरीत गति

विक्षिप्त – अविक्षिप्त
विक्षुब्ध – अविक्षुब्ध
विखंडता – अखंडता
विख्यात – कुख्यात
विगत – आगत
विग्रह – संधि
विघटन – संघटन
विघटित – संघटित
विघ्नक – विघ्ननाशक
विघ्नकारी – विघ्ननाशक
विचलित – अविचलित
विचारणीय – अविचारणीय
विचारवान – अविचारी
विचारित – अविचारित
विचार्य[1] – अविचार्य
विच्छिन्न – अविछिन्न
विच्छेद – संधि
विजय – पराजय
विजयी – पराजित, परास्त
विजन[2] – जनाकीर्ण
विजाति – जाति
विजातीय – सजातीय
विजित – अविजित
विजेता – विजित
विज्ञ – अविज्ञ
विज्ञात – अज्ञात
वितृष्णा[3] – तृष्णा

विदग्ध – अविदग्ध
विदित – अविदित
विदेश – स्वदेश
विदेशी – स्वदेशी
विदेह – देही
विदूर[4] – अविदूर
विद्ध[5] – अविद्ध
विद्यमान – अविद्यमान
विद्या – अविद्या
विद्वान – मूर्ख
विद्वेषी – हितैषी
विद्रोही – हितकारी
विधवा – सधवा
विधि[6] – निषेध
विधिक – अविधिक
विधि–सम्मत – विधि–विरुद्ध
विधिहीन – विधिविहित
विधु – विभाकर
विध्यात्मक[7] – निषेधात्मक
विनत – उद्धत
विनम्र – अविनम्र, धृष्ट, उद्दंड
विनय – अविनय
विनयी – अविनयी, अहंकारी
विनश्वर – अविनश्वर

---

1. विचार के योग्य
2. जनशून्य स्थान
3. विरक्ति, अरुचि
4. सूदूरवर्ती
5. छेदा हुआ
6. शास्त्र द्वारा निश्चित कर्तव्य–निर्देश
7. जो विधिपरक हो

विनाश – निर्माण
विनाशात्मक – रचनात्मक
विनाशी – अविनाशी
विनीत – अविनीत, दुर्विनीत
विपक्ष – पक्ष
विपक्षी – पक्षधर
विपत्ति – संपत्ति
विपद् – संपद्
विपदा – संपदा
विपन्न – संपन्न
विपन्नता – संपन्नता
विपुल – अल्प
विप्रयोग[1] – संयोग
विफल – सफल
विबुध – मूर्ख, अविबुध
विभक्त – अविभक्त
विभाकर – विधु
विभाजित – अविभाजित
विभाज्य – अविभाज्य
विमल – मल
विमुख – सम्मुख
वियुक्त – संयुक्त
वियोग – संयोग
वियोजक – संयोजक
वियोजन – संयोजन
वियोज्य – अवियोज्य
विरक्त – अनुरक्त
विरक्ति – अनुरक्ति

विरल – सुलभ, सर्वसुलभ
विरह – मिलन
विरत – निरत
विरति – रति
विराग – अनुराग
विरागी – अनुरागी
विराट – क्षुद्र
विराम – गति
विरोध – समर्थन
विरोधी – समर्थक, अनुयायी
विलंब – अविलंब
विलंबित – अविलंबित
विलक्षण – साधारण
विलास – तप
विलोम – पर्याय
विवस्त्र – सवस्त्र
विवाद – निर्विवाद
विवादास्पद् – अविवादास्पद्
विवाहिता – अविवाहिता
विविधता – एकता
विवृत – अविवृत, संवृत
विवेक – अविवेक
विवेकी – अविवेकी
विशाल – लघु
विशालकाय – लघुकाय, क्षीणकाय
विशिष्ट – सामान्य, साधारण

1. पृथक्ता, अलगाव

विशुद्ध – अविशुद्ध, मिलावटी, अशुद्ध
विचेष्ट – सचेष्ट
विशेष – सामान्य, साधारण
विशेषज्ञ – अविशेषज्ञ
विश्लेषण – संश्लेषण
विश्वसनीय – अविश्सनीय
विश्वस्त – अविश्वस्त
विश्वास – अविश्वास, संशय
विश्वासपात्र – विश्वासघाती
विश्वासी – अविश्वासी, संशयी
विश्रांत[1] – अविश्रांत
विश्राम – श्रम
विश्रृंखला – श्रृंखला
विश्रृंखलता – श्रृंखलता
विश्रृंखलित – श्रृंखलित
विष – अमृत
विषण्ण[2] – प्रसन्न
विषम – सम
विषमता – समता
विषाद – हर्ष
विसर्जन – आवाहन
विस्तार – संक्षेप
विस्तारण – संक्षेपण
विस्तीर्ण – अविस्तीर्ण, संकीर्ण
विस्तृत – संक्षिप्त, संकुचित
विस्मरण – स्मरण
विस्मरणीय – अविस्मरणीय
विस्मृत – स्मृत
विस्मृति – स्मृति
विहित – अविहित, निषिद्ध
विहीन – युक्त, सहित
विज्ञ – अज्ञ
वीर – कायर, भीरु
वीरता – कायरता, भीरुता
वृद्ध – तरुण, युवा
वृद्धा – तरुणी
वृद्धावस्था – बाल्यावस्था
वृद्धि – ह्रास
वृष्टि – अनावृष्टि
वृहत् – लघु
वे – ये
वैकल्पिक – अनिवार्य
वैज्ञानिक – अवैज्ञानिक
वैतनिक – अवैतनिक
वैमनस्य – सौमनस्य
वैदिक – अवैदिक, लौकिक
वैध – अवैध
वैधर्म्य – साधर्म्य
वैधानिक – अवैधानिक

---

1. जिसने विश्राम कर लिया हो
2. विषादयुक्त

वैभव – पराभव, दैन्य
वैमत्य – एकमत
वैमनस्य – मेल
वैयक्तिक – सार्वजनिक
वैर – प्रेम, मित्रता
वैरी – मित्र, बन्धु
वैराग्य – मोह
वैषम्य – साम्य
वैसा – ऐसा
वैसे – ऐसे
व्यक्त – अव्यक्त
व्यक्ति – समाज
व्यक्तिक – अव्यक्तिक
व्यक्तिगत – सामूहिक, सामाजिक
व्यग्र – शांत, अव्यग्र
व्यभिचारी – सदाचारी
व्यय – आय
व्यर्थ – अव्यर्थ, महत्त्वपूर्ण
व्यवस्था – अव्यवस्था, कुव्यवस्था
व्यवस्थित – अव्यवस्थित
व्यवहार्य – अव्यवहार्य
व्यवहृत – अव्यवहृत
व्यष्टि – समष्टि
व्यष्टिगत – समिष्टगत
व्यष्टिवाद – समष्टिवाद
व्यस्त – निठल्ला, ठाला
व्याजनिंदा[1] – व्याजस्तुति
व्यापक – संकुचित
व्याप्य – अव्याप्य
व्यवहार्य – अव्यवहार्य
व्यावहारिक – अव्यावहारिक
व्यास[2] – समास
व्यासशैली – समासशैली
व्युत्पन्न – अव्युत्पन्न

(श)

शंकित – अशंकित
शकुन – अपशकुन
शक्तिमान – शक्तिहीन
शक्तिशाली – निर्बल
शक्तिहीन – बलिष्ठ
शक्य – अशक्य
शठ – सज्जन, बुद्धिमान
शठता – सज्जनता
शत्रु – मित्र
शत्रुता – मित्रता
शन्न[3] – अशन्न
शब्द – अर्थ
शयन – जागरण
शरण – अशरण
शरीरी – अशरीरी
शर्मदार – बेशर्म
शशिशोषक[4] – शशिपोषक

---

1. किसी बहाने से की जाने वाली निंदा
2. विस्तार
3. मुर्झाया
4. कृष्णपक्ष

शस्त्रीकरण – निरस्त्रीकरण
शहर – गाँव
शहरी – देहाती, ग्रामीण
शांत – अशांत
शांतिप्रिय – झगड़ालू
शाकाहार – मांसाहार
शाकाहारी – मांसाहारी
शागिर्द – उस्ताद
शानदार – शर्मनाक
शाप – वरदान
शारीरिक – मानसिक
शालीन – धृष्ट
शाश्वत – नश्वर, क्षणिक
शासक – शासित
शासित – शासक
शास्त्रीय – अशास्त्रीय
शाहख़र्च – कंजूस
शाहदिल – मक्खीचूस
शिक़स्त – फ़तह
शिकायत – तारीफ
शिख – नख
शिक्षक – शिक्षार्थी, विद्यार्थी
शिक्षित – अशिक्षित
शिथिल – चुस्त, दृढ़
शिव – अशिव
शिष्ट – अशिष्ट
शिष्टता – अशिष्टता
शिष्य – गुरु
शीत – ताप
शीतल – तप्त, उष्ण
शीर्ष – तल
शुक्र – नाशुक्र
शुक्ल – कृष्ण
शुक्लपक्ष – कृष्णपक्ष
शुचि – अशुचि
शुद्ध – अशुद्ध
शुद्धता – अशुद्धता
शुद्धिपत्र – अशुद्धिपत्र
शुभ – अशुभ
शुभ्र – कृष्ण
शुष्क – आर्द्र
शून्य – पूर्ण
शून्यता – पूर्णता
शूर – भीरु, कायर
शूरता – भीरुता कायरता
शूरवीर – कायर
शृंखलता – विशृंखलता
शृंखला – विशृंखला
शृंखलित – विशृंखलित
शृंगारित – अशृंगारित
शेष – निःशेष, अशेष
शोक – हर्ष
शोकमग्न – आनंदमग्न
शोचनीय – अशोचनीय
शोधित – अशोधित
शोभन – अशोभन
शोभनीय – अशोभनीय
शोभित – अशोभित
शोर – सन्नाटा

शोषक – पोषक
शोषित – पोषित,पालित
शोहरत – बदनामी
शौच[1] – अशौच
श्याम – श्वेत
श्यामल – धवल
श्यामा – गौरी
श्रद्धा – अश्रद्धा, घृणा
श्रम – विश्राम
श्रवणीय – अश्रवणीय
श्रव्य – अश्रव्य
श्रांत – अश्रांत
श्रीगणेश – इतिश्री
श्रुत – अश्रुत
श्रुतिमधुर – श्रुतिकटु
श्रेय – कलंक
श्रेयश् – अश्रेयश्
श्रेष्ठ – अधम
श्रेष्ठता – अधमता
श्रोता – वक्ता
श्लाघा – निंदा
श्लाघ्नीय – निंद्यनीय
श्लाघ्य – निंद्य
श्वास – उच्छ्वास
श्वेत – श्याम
श्लिष्ट – अश्लिष्ट
श्लील[2] – अश्लील
श्वेत – अश्वेत, श्याम

(ष)

षंजन – वियोग
षंडत्व[3] – पुंसत्व
षड्यंत्र – सुयोजना, सुमंत्रणा
ष्ठीवित[4] – अष्ठीवित
ष्ठेविता[5] – अष्ठेविता

(स)

सँकरा – चौड़ा
सँवारना – बिगाड़ना
संकल्प – विकल्प
संकीर्ण – विस्तीर्ण
संकुचित – उदार, व्यापक
संकुल[5] – असंकुल
संकोच – निस्संकोच
संकोचन[7] – प्रसारण
संक्षिप्त – विस्तृत
संक्षेप – विस्तार
संक्षेपण – विस्तारण

---

1. शुद्धता
2. शोभायुक्त, शुभ, उत्तम
3. नपुंसकता
4. थूका हुआ
5. थूकने वाला
6. संकीर्ण
7. सिकोड़ना

संग – असंग, अकेला
संगत – असंगत
संगति – असंगति
संगम – वियोजन, पृथकता
संगटन[1] – विघटन
संग्रह – त्याग
संग्रही – त्यागी
संघटित – विघटित
संज्ञावान – संज्ञाहीन
संत – असंत
संतत[2] – असंतत
संतुलन – असंतुलन
संतुलित – असंतुलित
संतुष्ट – असंतुष्ट
संतुष्टि – असंतुष्टि
संतोष – असंतोष
संतोषजनक – असंतोषजनक
संतोषी – असंतोषी
संदिग्ध – असंदिग्ध
संदेह – निस्संदेह, विश्वास
संधि – विग्रह, युद्ध
संध्या – उषा
संन्यासी – गृहस्थ
संपदा – विपदा
संपद् – विपद्

संपन्न – विपन्न, दरिद्र
संपन्नता – विपन्नता, दरिद्रता
संपृक्त[3] – असंपृक्त
संपूर्ण – अपूर्ण
संबद्ध – असंबद्ध
संभव – असंभव
संभावना – असंभावना
संभावित – असंभावित
संभाव्य – असंभाव्य
संभाषण – असंभाषण
संभाष्य – असंभाष्य
संभोज्य[4] – अभोज्य
संयत – असंयत
संयम – असंयम
संयमित – असंयमित
संयमी – असंयमी, व्यभिचारी, लंपट
संयुक्त – असंयुक्त, पृथक, वियुक्त
संयोग – वियोग
संयोगिनी – वियोगिनी
संयोगी – वियोगी
संयोजन[5] – वियोजन
संयोजक – वियोजक
संरक्षित – असंरक्षित

---

1. संयोग
2. निरन्तर
3. संयुक्त
4. खाने योग्य
5. जोड़ना

संलग्न	– असंलग्न	सक्रिय	– निष्क्रिय
संवृत	– असंवृत, विवृत	सक्रियता	– निष्क्रियता
संवृति	– असंवृति	सकुशल	– अकुशल
संवृद्ध[1]	– असंवृद्ध	सक्षम	– अक्षम
संवैधानिक	– असंवैधानिक	सखरा[4]	– निखरा
संशय	– निश्चय, असंशय, विश्वास	सखा	– शत्रु
		सख़्त	– नरम, मुलायम
		सख़्ती	– नरमी
संशयात्मक	– निश्चयात्मक	सगुण	– निर्गुण, अगुण
संशयी	– निःसंशयी, विश्वासी	सगुरा[5]	– निगुरा
		सघन	– विरल
संशोधित	– असंशोधित	सच	– झूठ
संश्लेषण	– विश्लेषण	सचल	– अचल
संसारी	– असंसारी	सचेत	– अचेत, बेसुध
संसिद्धि	– असिद्धि	सचेतन	– अचेतन
संस्कारवान	– संस्कारहीन	सचेष्ट	– अचेष्ट, निश्चेष्ट, विचेष्ट
संस्कारी	– संस्कारहीन		
संस्कृत[2]	– असंस्कृत	सच्चरित्र	– दुश्चरित्र
संहार	– सृष्टि	सच्चा	– झूठा
संहति[3]	– असंहति	सच्चापन	– झूठापन
सकर्म	– अकर्म	सजल	– निर्जल
सकर्मक	– अकर्मक	सज़ा	– इनाम
सकलंक	– निष्कलंक	सजातीय	– विजातीय
सकाम	– निष्काम	सजिल्द	– अजिल्द
सकामता	– निष्कामता	सजीव	– निर्जीव
सकारण	– अकारण	सजीवता	– निर्जीवता
सकारात्मक	– नकारात्मक	सज्जन	– दुर्जन, शठ, खल

1. उन्नति करता हुआ
2. परिष्कृत किया हुआ
3. सामंजस्य
4. घी में न पका हुआ भोजन, कच्ची रसोई
5. जिसने गुरु से दीक्षा ली हो

सज्जनता – दुर्जनता, धूर्तता
सतर्क – अतर्क
सतर्कता – असतर्कता
सतही – गहरा
सती – असती, कुलटा
सतेज – निस्तेज
सत् – असत्
सत्कर्म – अपकर्म, कुकर्म, दुष्कर्म
सत्कार – तिरस्कार
सत्पात्र – कुपात्र
सत्प्रवृत्ति – दुष्प्रवृत्ति
सत्य – असत्य, मिथ्या
सत्यवादी – असत्यवादी, मिथ्यावादी
सत्यशील – असत्यशील
सत्यापन – प्रत्याख्यान
सत्वर – मंद
सत्संग – कुसंग
सत्संगति – कुसंगति
सदय – निर्दय, निष्ठुर
सदा – यदा–कदा
सदाचार – अनाचार, कदाचार, दुराचार
सदाचारी – अनाचारी, दुराचारी, व्यभिचारी
सदाचारिणी – व्यभिचारिणी
सदाशय – दुराशय
सर्दी – गर्मी
सदुपयोग – दुरुपयोग
सदोष – निर्दोष
सदैव – प्रायः
सद्गति – दुर्गति
सद्गुण – दुर्गुण
सद्भावना – दुर्भावना
सद्भाव – दुर्भाव
सद्वृत्त[1] – दुर्वृत्त
सद्व्यवहार – दुर्व्यवहार
सधन – निर्धन
सधर्मी – विधर्मी
सधवा – विधवा
सनाथ – अनाथ
सन्नाटा – शोर
सन्निहित[2] – असन्निहित
सन्मार्ग – कुमार्ग
सन्मुख – विमुख
सपाट – ऊबड़–खाबड़
सपूत – कपूत
सपूती[3] – कपूती
सप्राण – निष्प्राण
सफल – असफल, विफल, निष्फल
सफलता – असफलता, विफलता
सफलीभूत – असफलीभूत

1. सदाचारी
2. साथ, पास में रखा हुआ
3. अच्छे पुत्र की माता

सफाई – गंदगी
सफेद – काला, स्याह
सबब[1] – बेसबब
सबल – निर्बल, दुर्बल
सब्र – बेसब्री
सबाध – निर्बाध
सभय – निर्भय
सभ्य – असभ्य, गँवार, उजड्ड
सभ्यता – असभ्यता
समंजित[2] – असंमजित
सम – विषम, असम
समग्र – इकाई
समझ – नासमझ
समझदार – नासमझ, नादान, बेसमझ
समतल – असमतल, खुरदुरा
समता – असमता, विषमता
समय – असमय, विषमता
समरूप – असमरूप
समर्थ – असमर्थ
समर्थता – असमर्थता
समर्थन – विरोध, प्रतिवाद
समर्थक – विरोधी
समर्थित – असमर्थित
समर्याद – अमर्याद
समष्टि[3] – व्यष्टि
समांग[4] – विषमांग
समादेश – अनादेश
समाधान – संदेह
समान – असमान
समानता – असमानता, विषमता
समापन – आरंभ
समाप्त – असमाप्त
समाप्ति – आरंभ
समास – व्यास
समाहार – असमाहार
समाहित – असमाहित
समासोक्ति – अन्योक्ति
समीचीन[5] – असमीचीन
समीप – दूर
समीपता – दूरी
समीपवर्ती – दरवर्ती
समीपस्थ – दूरस्थ
समूल – निर्मूल
समृद्ध – कंगाल, दीन
समृद्धि – विनाश
समेटना – बिखेरना
सम्मत – असम्मत
सम्मति – असम्मति

---

1. कारण, दलील
2. जो ठीक करके परिस्थितियों के अनुकूल बनाया गया हो
3. सम्पूर्णता
4. जिसके सब अंग या तत्त्व एक जैसे हों
5. उचित

सम्मित[1] – असम्मित
सम्पत्ति – विपत्ति
सम्पद – विपद
सम्मान – अपमान, तिरस्कार
सम्मानजनक – अपमानजनक
सम्मानित – अपमानित, उपेक्षित, तिरस्कृत
सम्मुख – विमुख
सरकारी – ग़ैर–सरकारी
सरल – कठिन, कुटिल, पेचीदा
सरलता – कठिनता
सरस – नीरस, शुष्क
सरसता – नीरसता
सर्द – गर्म
सर्दी – गर्मी
सर्वदेशीय – एकदेशीय
सर्वत्र – कहीं–कहीं
सर्वज्ञ – अल्पज्ञ
सर्वज्ञता – अल्पज्ञता
सर्वश्रेष्ठ – निकृष्टतम
सलज्ज – निर्लज्ज
सवर्ण – असवर्ण
सर्वदा – यदा–कदा
सवाक[2] – अवाक
सवाल – जवाब
सर्वांगीण[3] – एकांगी
सविकार[4] – निर्विकार
सविशेष[5] – निर्विशेष
सशंक – निश्शंक
सशक्त – अशक्त
सशस्त्र – निरस्त्र
सशुल्क – निःशुल्क
ससीम – असीम, निस्सीम
सस्ता – महँगा
सस्नेह – निस्नेह
सहज – कठिन, असहज
सहजमित्र – सहजशत्रु
सहनशील – असहनशील
सहनीय – असहनीय
सहमत – असहमत
सहमति – असहमति
सहयोग – असहयोग
सहयोगी – प्रतियोगी
सहानुभूति – घृणा
सहारा – बेसहारा
सहिक[6] – नहिक
सहित – रहित, विहीन
सहिष्णु[7] – असहिष्णु
सहिष्णुता – असहिष्णुता

---

1. मापा हुआ
2. वाणी के साथ
3. सब अंगों में व्याप्त होने वाला
4. परिवर्तनयुक्त
5. विशेष लक्षणों से युक्त
6. निश्चित, प्रामाणिक
7. सहनशील

सही – ग़लत
सहृदय – हृदयहीन
सहेजना – बिखेरना
सहेतुक[1] – अहेतुक
सह्य – असह्य
साँझ – भोर
सांप्रदायिक – असांप्रदायिक
सांप्रदायिकता – असांप्रदायिकता
सांसारिक – पारलौकिक, आध्यात्मिक
सांसारिकता – पारलौकिकता, आध्यात्मिकता
साकार – निराकार
साक्षर – निरक्षर
साक्षरता – निरक्षरता
सात्त्विक – तामसिक
सादगी – आडम्बर
सादर – निरादर
सादा – भड़कीला, आडंबरपूर्ण
साधक – बाधक
साधर्म्य[2] – वैधर्म्य
साधार – निराधार
साधारण – असाधारण, विशेष, विलक्षण
साधित – असाधित
साधु – असाधु
साधुता – असाधुता
साध्य – असाध्य
साध्वी – असाध्वी
सापेक्ष[3] – निरपेक्ष
सानुनासिक – निरनुनासिक
साफ – गंदा, मैला
साबुत – टूटा–फूटा, कतरा
सामंजस्य – असामंजस्य
सामयिक – असामयिक
सामर्थ्य – असामर्थ्य
सामने – पीछे
सामाजिक – असामाजिक
सामान्य – असामान्य, विशेष, विशिष्ट, भव्य
सामिष[4] – निरामिष
साम्य – वैषम्य
सायं – प्रातः
सायंकाल – प्रातःकाल
सारयुक्त – निस्सार ,थोथा
सारा – आधा
सार्थक – निरर्थक
सार्वजनिक – वैयक्तिक, निजी, गोपनीय, व्यक्तिगत
सावधान – असावधान
सावधानी – असावधानी

---

1. जिसका कोई उद्देश्य हो
2. समान धर्म
3. अपेक्षा सहित
4. मांस से युक्त

सावधि – निरवधि
सावद्य[1] – निरवद्य
साहस – साहसहीन, दुस्साहसी, भीरु
साहचर्य – पृथक्करण
सिंचित – असिंचित
सिकुड़ना – फैलना
सिक्त[2] – असिक्त
सित[3] – असित
सिद्ध – असिद्ध
सिद्धांत – व्यवहार
सिद्धि – असिद्धि
सिफ़त[4] – ऐब
सिरहाना – पायँताना
सिलसिलेवार – बेतरतीब
सीधा – उलटा, टेढ़ा, औंधा
सीधापन – टेढ़ापन
सीधा–साधा – टेढ़ा–मेढ़ा
सीना – उधेड़ना
सीमा – निस्सीमता
सीमित – असीमित
सुंदर – असुंदर, कुरूप, भद्दा
सुंदरता – असुंदरता, कुरूपता

सुकर[5] – दुष्कर
सुकर्म – दुष्कर्म, कुकर्म
सुकाल – दुष्काल, अकाल
सुकीर्ति – दुष्कीर्ति, अपकीर्ति
सुकून – बेसुकून
सुकृत – दुष्कृत
सुकृति – दुष्कृति
सुकृत्य – दुष्कृत्य, कुकृत्य
सूक्ष्म – विशाल
सुख – दुःख
सुखद – दुखद
सुखदा – दुखदा
सुखकर – दुःखकर
सुखदायक – दुःखदायक
सुखदायी – दुःखदायी
सुखमय – दुःखमय
सुखांत – दुःखांत
सुखी – दुःखी
सुख्यात[6] – कुख्यात
सुख्याति – कुख्याति
सुगंध – दुर्गंध
सुगंधित – दुर्गंधित
सुगति – दुर्गति
सुगम – दुर्गम, अगम

---

1. निदंनीय, आपत्ति–योग्य
2. सिंचित
3. श्वेत, उजला, शुभ
4. ख़ासियत, गुण
5. जो सरलता से किया जा सके, सरल
6. अति प्रसिद्ध

सुघड़[1] – फूहड़, अनगढ़
सुचाल – कुचाल
सुचालक – कुचालक
सुचेल[2] – कुचेल
सुजान[3] – अजान
सुजेय[4] – दुर्जेय
सुजोग[5] – कुजोग
सुढंग – कुढंग
सुदिन – दुर्दिन, कुदिन
सुदूर – सन्निकट
सुदृष्टि – कुदृष्टि
सुधा – गरल, विष, हलाहल
सुधारना – बिगाड़ना
सुनाम – दुर्नाम
सुनी – अनसुनी
सुनीति – दुर्नीति
सुपत[6] – अपत
सुपथ – कुपथ, अपथ
सुपरिणाम – दुष्परिणाम
सुपाच्य – कुपाच्य
सुपात्र – कुपात्र
सुपुत्र – कुपुत्र
सुप्त – जाग्रत
सुप्रथा – कुप्रथा

सुप्रबन्ध – कुप्रबन्ध
सुप्रभाव – कुप्रभाव
सुप्रयोग – कुप्रयोग
सुफल – कुफल
सुफेर[7] – कुफेर
सुबह – शाम
सुबुद्धि – दुर्बुद्धि, कुबुद्धि
सुबोध – दुर्बोध
सुभिक्ष[8] – दुर्भिक्ष
सुमंत्रणा – षड्यंत्र
सुमति – कुमति
सुमार्ग – कुमार्ग
सुमार्गी – कुमार्गी
सुमुख – दुर्मुख
सुयश – अपयश
सुयोग – दुर्योग, कुयोग
सुर – असुर
सुरक्षा – असुरक्षा
सुरभित – असुरभित
सुराज[9] – कुराज
सुरीति – कुरीति
सुरुचि – कुरुचि
सुरूप – कुरूप
सुलक्षण – कुलक्षण
सुलझाना – उलझाना

---

1. सुडौल
2. भलीभाँति वस्त्राच्छादित
3. चतुर, निपुण
4. जिसे सरलता से जीता जा सकता हो
5. अच्छा योग
6. प्रतिष्ठित
7. अनुकूल समय
8. भिक्षा या अन्न की सुलभता
9. अच्छा शासन

सुलभ – दुर्लभ
सुलाना – जगाना
सुविचार – कुविचार
सुविज्ञ[1] – अल्पज्ञ
सुविधा – असुविधा
सुविधाजनक – असुविधाजनक, कष्टकर
सुव्यवस्था – अव्यवस्था, कुव्यवस्था
सुशासन – कुशासन
सुशील – दुःशील
सुषुप्ति[2] – जागरण
सुष्ट[3] – दुष्ट
सुसंगति – कुसंगति
सुसंवाद – कुसंवाद
सुसंस्कार – कुसंस्कार
सुसमय – कुसमय
सुसाध्य – दुःसाध्य
सुस्त – चुस्त, फुर्तीला
सूक्ष्म – स्थूल, विराट, विशाल
सुहागिन – विधवा
सूखा – गीला
सूझ – असूझ
सूना – भरा, आबाद
सूम[4] – दाता
सूर्योदय – सूर्यास्त
सृजन – विनाश
सृष्टि – प्रलय, संहार, विनाश
सेवक – स्वामी, प्रभु
सेवित[5] – असेवित
सेश्वर – निरीश्वर
सैद्धान्तिक – व्यावहारिक, असैद्धान्तिक
सोच – असोच
सोदेद्श्य – निरुद्देश्य
सोना – जागना
सोपाधि – निरुपाधि
सौघा[6] – महँगा
सौभाग्य – दुर्भाग्य
सौमनस्य[7] – वैमनस्य
सौम्य[8] – उद्धत, उद्दंड, उग्र
स्खलित[9] – अस्खलित
स्तब्ध[10] – अस्तब्ध
स्तुति – निंदा
स्तुत्य – निंद्य
स्त्री – पुरुष
स्थल – जल

---

1. श्रेष्ठ ज्ञाता
2. गहन निद्रा अवस्था
3. भला
4. कृपण, कंजूस
5. जिसकी सेवा की गई हो
6. सस्ता
7. प्रसन्नता, आह्लादकारक
8. मनोहर, सुंदर
9. च्युत, अस्थिर
10. गतिहीन, निश्चेष्ट

स्थायी – अस्थायी, स्थानापन्न
स्थावर[1] – जंगम
स्थिर – अस्थिर, चंचल
स्थिरचित्त – अस्थिरचित्त
स्थिरता – अस्थिरता
स्थूल – सूक्ष्म, कृश, क्षीण
स्थैर्य[2] – अस्थैर्य
स्निग्ध – रुक्ष
स्नेही – वैरी
स्पंदित[3] – निष्पंद
स्पर्धा[4] – सहयोग
स्पष्ट – अस्पष्ट
स्पष्टता – अस्पष्टता
स्पृश्य – अस्पृश्य
स्फुट[5] – अस्फुट
स्फूर्ति – आलस्य
स्मरण – विस्मरण
स्मरणीय – विस्मरणीय
स्मृत[6] – विस्मृत, प्रस्मृत
स्याह – सफेद
स्वकर्म – परकर्म
स्वकीय – परकीय
स्वकीया – परकीया
स्वच्छ – अस्वच्छ, मलिन, दूषित
स्वच्छता – अस्वच्छता, मलिनता
स्वजाति – विजाति
स्वजातीय – विजातीय, परजातीय
स्वतंत्र – परतंत्र
स्वतंत्रता – परतंत्रता
स्वदेश – परदेश, विदेश
स्वदेशी – विदेशी
स्वधर्म – परधर्म
स्वधर्मी – परधर्मी
स्वप्न – जागरण, जागृति
स्वभाषाभाषी – परभाषाभाषी
स्वरवान – स्वरहीन
स्वर्ग – नरक
स्वर्गलोक – मर्त्यलोक
स्वर्गीय – नारकीय
स्वल्प – विपुल, अत्यधिक
स्वल्पायु – चिरायु
स्ववश – परवश
स्वस्थ – अस्वस्थ, रुग्ण, बीमार
स्वस्थता – अस्वस्थता
स्वादिष्ट – स्वादहीन, निःस्वाद
स्वाधीन – पराधीन
स्वाधीनता – पराधीनता

---

1. गतिहीन
2. स्थिरता
3. कंपित
4. प्रतिद्वन्द्विता, प्रतियोगिता
5. विकसित, प्रकट, विविधात्मक
6. स्मरण में आया हुआ

स्वाभाविक – अस्वाभाविक, कृत्रिम
स्वामिनी – दासी
स्वामी – दास, भृत्य, सेवक
स्वार्थ – परमार्थ, निःस्वार्थ, परार्थ
स्वार्थी – परमार्थी, त्यागी
स्वावलंबी -- परावलंबी
स्वाश्रय[1] – पराश्रय
स्वाश्रित – पराश्रित
स्वास्थ्यकर – अस्वास्थ्यकार
स्वीकार – अस्वीकार, बहिष्कार
स्वीकारना – नकारना
स्वीकारात्मक – अस्वीकारात्मक
स्वीकार्य – अस्वीकार्य
स्वीकृत – अस्वीकृत
स्वीकृति – अस्वीकृति
स्वेच्छाचारी[2] – अस्वेच्छाचारी
स्वैर[3] – संयमित, नियंत्रित

(ह)

हँसना – रोना
हँसाना – रुलाना
हँसी – रुलाई
हटवाना – रखवाना
हटाना – रखना
हत – अहत
हतभाग्य – भाग्यशाली
हताश – उत्साही
हतोत्साहित – प्रोत्साहित
हथियारबंद – निहत्था
हमदर्द – बेदर्द
हमेशा – यदाकदा
हयादार – बेहया
हरामख़ोर – हलालख़ोर
हरावल[4] – चण्डावल
हर्ष – विषाद, शोक
हलाहल – सुधा
हलका – भारी
हलकापन – भारीपन
हराना – जिताना
हवेली – झोपड़ी
हाज़िर – ग़ैरहाज़िर
हाज़िरी – ग़ैरहाज़िरी
हानि – लाभ
हानिकारक – लाभदायक
हानिप्रद – लाभप्रद
हार – जीत
हारना – जीतना
हास – रुदन

---

1. वह जिसे केवल अपना ही सहारा हो
2. स्वयं की इच्छा के अनुरूप कार्य करने वाला, निरंकुश
3. स्वेच्छाचारी
4. सेना के आगे का भाग

हिंसक – अहिंसक
हिंसा – अहिंसा
हिंस्र – अहिंस्र
हित – अहित
हितकर – अहितकर
हितकारी – अहितकारी
हितैषी – विद्वेषी
हृष्ट–पुष्ट – दुर्बल
हेतु – अहेतु
हेय – स्तुत्य
हैवान – इंसान
हैवानियत – इंसानियत
होनी – अनहोनी
होशियार – भोंदू
ह्रस्व – दीर्घ
ह्रास – वृद्धि, विकास
ह्रासमान – विकासमान
ह्रासशील – विकासशील

(क्ष)

क्षणिक – शाश्वत
क्षत – अक्षत
क्षति – लाभ
क्षम – अक्षम
क्षमता – अक्षमता
क्षमा – दण्ड
क्षम्य – अक्षम्य
क्षय – अक्षय, वृद्धि
क्षर – अक्षर
क्षिप्र – मंथर
क्षीण – पुष्ट, स्थूल
क्षीणकाय – विशालकाय
क्षीयमान – वर्धमान
क्षुण्ण – अक्षुण्ण
क्षुद्र – महान
क्षुधा – तृप्ति
क्षुब्ध – अक्षुब्ध, शांत

(त्र)

त्रुटिपूर्ण – त्रुटिहीन
त्रुटिहीन – त्रुटिपूर्ण, त्रुटियुक्त

(ज्ञ)

ज्ञात – अज्ञात
ज्ञान – अज्ञान, भ्रम
ज्ञानचक्षु – चर्मचक्षु
ज्ञानदृष्टि – चर्मदृष्टि
ज्ञानवान – ज्ञानहीन
ज्ञानी – अज्ञानी, मूढ़, मूर्ख
ज्ञानेन्द्रिय – कर्मेन्द्रिय
ज्ञेय – अज्ञेय

□□